NOVVEAV DICTIONNAIRE DE RIMES.

A PARIS,
Chez AVGVSTIN COVRBÉ, dans la Galerie du Palais, à la Palme.

M. DC. XLVIII.

AVEC PRIVILEGE DV ROY.

AVERTISSEMENT.

POVR chercher vn mot dans ce Dictionnaire, il faut commencer par la dernière lettre du mot en retrogradant, qui est l'Ordre que les autres ont tenu auant moy. Ainsi Voir *ne se trouue pas à l'*V *mais à* l'R.

Les verbes ne sont qu'à l'infinitif, pour les autres temps, ou personnes, on marquera l'endroit où ils riment; & on les renuoyra former à l'infinitif. Par exemple à la fin des noms en AS *on met, Plus diuers temps des Verbes en* ER Aimer, Aimas. *Plus le futur de tous les verbes,* Boire, Boiras.

Ie *n'ay mis les noms qu'au singulier, r'enuoyant former les pluriels sur les singuliers. Par exemple au bas des rimes en* EVRS, *i'ay mis plus le pluriel des noms en* Eur, Honneur, Honneurs.

Quand il n'y a point d'infinitifs aux verbes où on les puisse renuoyer, on met les temps qui sont en vsage. Comme Zelé *se trouue aux rimes en* LE', *parce qu'on ne dit pas* Zeler.

Lors qu'il n'y aura que deux ou trois verbes qui rimẽt, on mettra leurs temps à l'endroit où ils riment pour plus grande cõmodité, sans renuoyer le Lecteur à l'infinitif. Comme au bas des rimes en OPE *ie mets*, Chope, Enuelope, Déuelope, Galope.

Les composez qui commencent par Entre, Ré, *ou* Dé *se formeront sur les simples* Entre-donner, Refaire, Dénoircir.

Il y a des mots qu'on met deux fois, par ce qu'ils s'escriuent ou se prononcent diuersement. Comme Genoüil *est aux rimes en* OVIL *&* en OV, *car on prononce* Genou *plus ordinairement.*

Ie ne mets point les noms feminins quand leur masculin est en vsage. Par exemple aux rimes en ERE *ie ne mets pas* Meſſagere, *parce que ie renuoye former ces noms ſur leurs maſculins : mais ie mets* Harangere, *parce qu'on ne dit pas* Haranger.

Tous les mots qui ſe prononcent de meſme, quoy qu'ils s'eſcriuent diuerſement, ſe trouueront en vn meſme endroit pour la commodité du Lecteur, comme les mots en Cer, *ſont auec ceux en* Ser, *&* *ceux en* Ser *qui ont vne voyelle deuant* l'S *auec ceux en* Zer, *parce qu'ils ſe prononcent de meſme, mettant touſiours le plus petit nombre auec le plus grand.*

l'S, l'X, *&* le Z, *ayant meſme prononciation à la fin des mots, ie les ay mis enſemble*, Cieux, Bontez, Cheueus.

Il en faut excepter ſix ou ſept rimes, comme Phœnix, &c. *que i'ay miſes en leur lieu.*

I'ay mis auſſi les mots qui finiſſent par vn Y, *auec ceux qui finiſſent auec vn* I, *comme* Quaſy, *auec* Moiſi.

Pour la meſme raiſon i'ay mis les mots

qui s'eſcriuent auec vn Ph, *auec ceux qui s'eſcriuent auec vne* F, *comme* Philoſophe, *auec* Eſtofe.

Les verbes qui n'ont pas tous les temps ſemblables, quoy qu'ils ayent l'infinitif pareil, ont eſté diſtinguez d'auec les autres, comme Punir, *d'auec* Tenir, *celuy-cy faiſant ie* Tiens, *& l'autre je* Punis.

On a imprimé d'vn carractere different, les mots qui ſont Bourleſques, bas où vieux: mais lors qui ſont trop vieux, ie les ay marquez à coſté.

I'ay marqué auſſi à coſté les mots qui ſe prennent figurement.

Ie ne mets point de Phraſes, ſi elles n'apportent vne nouuelle ſignification au mot: car ie groſſirois le volume deux fois autant, & il faut reſeruer cela pour le grand Dictionnaire qu'on entreprendra quand l'Academie aura fait le ſien, afin de voir quelles Phraſes ſont en vſage.

Nous ne mettrons point les noms & les temps des verbes en ES, *feminin, comme*

Prunes, *&* Aimes, *parce qu'ils ſe forment du ſingulier en ajouſtant vne* S.

Et quoy que Priſmes, *& autres temps ſemblables ne ſe prononcent point ſans* S *finale, neantmoins il ſera marqué aux rimes en* Iſme, *comme au mot* Abiſme, *à cauſe qu'il rime auec les pluriels, le tout pour plus grande commodité.*

Ie n'ay point mis ces mots Ce, De, Ie, Le, Me, Ne, Se, Te, Que, &c. *parce qu'ils ſe prononcent diuerſement, & ne peuuent finir vn Vers; outre qu'ils veulent touſiours quelque choſe apres eux, comme* Ce *chien,* De *chien, &c.*

Ce que ie mets à coſté du mot, n'eſt pas tant pour donner la deffinition du mot, comme pour en faire ſouuenir: c'eſt pourquoy il ne faut pas attendre icy vne exacte explication.

Ie mets les noms propres qui ſont connus en Poëſie, *comme,* Parnaſſe, Venus, Medée, *auec les plus beaux noms des Arts & des Sciences, qui peuuent entrer dans l'entretien ordinaire.*

Ie mets quelquefois des noms propres, qui ne sont pas fort connus, mais ie n'en vse qu'aux endroits où il n'y a que tres peu de rimes, comme à Linge, *ie mets* Thuringe.

Le volume n'auroit pas esté si gros, si le Bourlesque ne m'eust obligé à mettre beaucoup de mots qui ne sont plus en vsage qu'en ce genre-là.

Ie laisse à ceux qui feront vne Poëtique, à faire vn traitté de la Rime: car cela n'est pas proprement du Dictionnaire.

Sans la peine qu'il y a d'imprimer ces sortes d'ouurages, on auroit apporté vn plus grand ordre, & plus d'exactitude qu'on n'en rencontrera icy: mais il a fallu donner beaucoup de choses à la difficulté d'imprimer, cette raison me seruira enuers le Lecteur. Pour m'excuser de toutes les fautes qu'il trouuera dans cét Ouurage.

NOVVEAU DICTIONAIRE DE RIMES

A

A Lettre de l'Alphabet

A Temps du verbe auoir, *il a.*

A Particule. Elle ne peut entrer en rime, parce qu'elle veut tousiours quelque chose apres soy, comme, *à luy, à moy.*

BA

Voy les preterits des Verbes en *ber, tomber tomba.*

ÇA & Ssa

Ç'a

Deça

Pardeça

Pieça

Orça

Plus le preterit des Verbes en *Cer, sser & scr commencer, commença, chasser chassa, penser pensa.*

DA

Da pour dea

Dada cheual terme d'enfant

Albreda vne grande albreda

Par mananda serment ancien

Agenda

A

Ida montagne
Plus le preterit des verbes en *Der*, *bander banda*.

EA

Philirea arbrisseau
Plus le preterit des verbes en *Eer creer crea*.

GEA ET IA

Ia
Desia
Plus le preterit des verbes en *Ger*, *manger mangea*.

FA

Fa notte de musique
Plus le preterit des verbes en *fer*, *estouffer estouffa*.

CHA

Voy le preterit des verbes en *cher*, *embrocher embrocha*.

IA voy *gea*, parce qu'il se prononce de mesme

IA dissyllabe

Dia terme de chartier
A-quia

Plus le preterit des verbes en *ier esmier esmia*.

LA

La article
La notte de musique
Là aduerbe
Cela
Delà
Pardelà
Audelà
Voilà
Holà pour appeller
Hola c'est assez
Quinola jeu
Quinola meneur
Parcy parlà
Plus le preterit des verbes en *ler*, *parler parla*.

MA

Numa
Voy le preterit des verbes en *mer*, *ramer rama*.

NA

Etna montagne
Plus le preterit des verbes en *ner miner*, *mina*.

PA

Papa terme d'enfant
Plus le preterit des verbes en *per*, *raper rapa*.

RA

& catera.
Voy le preterit des verbes en *rer*, *curer cura*.
Plus le futur de tous les verbes, aimera, choisira, &c.

BRA

Voy le preterit des verbes en *brer*, *celebrer celebra*.

CRA

Vaincra
Conuaincra
Plus le preterit des verbes en *crer*, *sacrer sacra*.

DRA

Faudra
Défaudra
Chaudra
Tressaudra
Vaudra
Preuaudra
Voudra
Plus le preterit des verbes en *drer poudrer poudra*.
Plus le futur d'vne partie des verbes en *nir*: tiendra, viendra
Plus le futur des verbes qui ont *dre* à l'infinitif, *prendra*, *fondra*, *resoudra*.

RRA

Cherra
Descherra
Escherra
Verra
Entreuerra
Aquerra
Requerra
Conquerra
Lairra
Delairra
Orra
Clorra
Esclorra
Conclura
Exclura
Courra
Accourra
Encourra
Secourra

Parcourra
Difcourra
Mourra
Pourra
Plus le preterit des verbes en *rrer*, *barrer barra*.

TRA

Voy le preterit des verbes en *trer*, *entrer entra*.
Plus le futur des verbes qui ont *tre* à l'infinitif *naiſtra*, *batra*, *paroiſtra*.

VRA

Deceura
Receura
Conceura
Aperceura
Deura
Ramanteura
Pleuura
Viura
Suiura
Suruiura
Pourſuiura
Plus le preterit des verbes en *vrer*, *naurer naura*.

SA, SSA voy ça

SA qui ſe prononce comme *za*, voy *za*.

TA

Duplicata
Prorata
Errata
Nota
Veſta
Plus le preterit des verbes en *ter*, *repeter repeta*.

VA monoſſyllabe

Va du verbe aller
Voy le preterit des verbes en *ver*, *lauer laua*.

VA diſſyllabe

Voy le preterit des verbes en *üer*, *atribuer atribua*.

GVA qui ſe prononce comme *Ga*.

Voy le preterit des verbes en *guer*, *briguer brigua*.

OVA

Voy le preterit des verbes en *oüer*, *noüer noüa*.

QVA qui se prononce comme ca

Reliqua de compte, de festin, &c.
Plus le preterit des verbes en *quer*, *troquer troqua*.

XA

Voy le preterit des verbes en *xer*, *taxer taxa*.

AYA

Voy le preterit des verbes en *ayer*, *esgayer esgaya*.

OYA

Voy les preterit des verbes en *oyer*, *flamboyer flamboya*.

VYA

Alleluya
Plus le preterit des verbes en *üyer*, *ennuyer ennuya*.

B

Plomb voy lon, parce que le B ne se prononce point
APlomb tout droit perpendiculairement

OB

Baston de Iacob instrument de Mathematique
Il n'y a point d'autres mots qui se terminent en *B.* en nostre langue, si ce ne sont des noms propres, comme *Iob*, *Moab*, *Oreb*, *&c.*

C & Q

AC

Bac
Tabac
Ab hoc & ab hac
Gayac
Sel armoniac
Lac
Clac, *Flac*, *Tac* } Expressions naturelles
Tillac
Estomac
Almanac
Arsenac
Cotignac
Trac de cheuaux

Trictrac jeu

Trictrac chasse

Trictrac d'affaire

Sac

Sac de ville

Cudesac

Sac sac d'vne playe

Bissac

EC

Bec d'oiseau

Bec faire le bec

Bec prendre par le bec,

Bec prendre par le bec par famine

Bec pour caquet, il a bon bec.

Eschec terme d'Eschets

Eschec perte

Respec

Aspec il s'escriuent auec vn *T*, mais il ne se prononce point

Grec

Grec pour sçauant, il y est grec

Sec

Sec maigre

Auec

Y lettre de l'Alphabet

IC

Alambic

Sindic

Trafic

Faire Chic manquer

Public

Basilic serpent

Basilic herbe

Arsenic

Pic *à foüir*

Pic & repic terme de piquet

Aspic serpent

Aspic herbe

Ric à ric

Agaric drogue medecinale

Cric terme de desbauche

Tic maladie de cheuaux.

Mastic

ALC

Talc

ANC & ANG

Banc siege

Banc de sable
Blanc couleur
Blanc d'Espagne
Blanc tirer au blanc, de but en blanc
Blanc cinq deniers
grand Blanc vieux mot pour dire vn sol
Boüillon blanc herbe
Flanc costé
Flanc matrice, porter en son flanc
Flanc de bastion,
Franc libre
Franc non dissimulé
Franc vingt sols & ne se dit qu'au pluriel
Arbre franc non sauuage
Franc François & ne se dit guere qu'au pluriel
Rang terme de guerre
Rang pour condition
Sang
Sang pour race
Flux de sang maladie
A feu & à sang
Estang

INC & INQ

Cinq

ONC

Onc
Donc
Adonc
Ionc herbe
Ionc bague
Tronc
Tronc d'Eglise
Long
Oblong

OC & OQ

Coq oiseau
Coq herbe
Creste de coq
Hoc jeu
Hoc pour dire seur, cela m'est hoc
Choq
Bloc piece de pierre ou de bois
Bloc surquoy on coupe la teste des criminels
en Bloc vendre en bloc.

Roc

Roc piece d'Eſchets

Broc

Croc crochet à pendre la viande

Arquebuſe à Croc

Croc ſe dit quand on ſe cogne

Croc terme de deſbauche

Croc eſtre au croc, eſtre oublié

Croc de battelier

vn Eſcroc

Froc

Siroc vent

Troc

Soc

Eſtoc eſpée dans vn baſton

Eſtoc coup d'eſpée vn coup d'eſtoc

Eſtoc race

ARC

Arc

Marc poids

Marc de raiſins

Parc enclos de murs

Parc de brebis

ERC

ERC Voy Er Rude parce que le C ne ſe prononce point

Clerc

pas de Clerc faute

ORC

Porc

ISC

Fiſc

VSC

Buſc d'habit

Buſc de femme

Muſc

VC

Duc

Duc oiſeau

Caduc

Malcaduc

Aqueduc

Archiduc

Iuc où ſe mettent les poules

Suc

Stuc ouurage de marbre pilé

OVC ou OVQ

Bouc
Bouc d'huille
Chouc expression naturelle quand on s'est bruslé
Ioug le G se prononce comme vn C
Passer sous le joug

D

ED

Bled le D ne se prononce point

IED

Pied
Pied mesure
Aclochepied
Marchepied
Trepied
Chaussepied
petits Pieds au pluriel se prend pour menu rôst
de plein Pied plus voy ié car le D ne se prononce point
Sied sur vne chaire
Sied qui est seant
Messied
Assied
Sursied

ID

Nid voy ni ou nit, car le D ne se prononce point

AID

Laid voy lais

OID voy OIT

AND & END

Gand
Brigand
Marchand
Friand
Galand Amant
Galand adj. du bel air
Galand nœud de ruban
Galand o le galand
Chaland
pain Chaland
Nonchalant il se met auec vn T,
Gland de chesne

Gland de rabat

Breland jeu

Breland lieu où l'on joüe

Caimand

Gourmand

Grand

Grand Prince, Seigneur

Quand

Truand

Voy *Ant* & *Ent* car le *D* ſe prononce comme vn *T*. Plus le preſent & l'imperatif des verbes en *Endre*. *rend*.

AIND & EIND

voy *Aint* & *Eint*.

OIND

Oind

Ioind

Poind

A l'imperatif le *D* ne ſe prononce point & à la troiſieſme perſonne du preſent il ſe prononce comme vn *T*. Voy *oin* & *oint*

OND

Bond

faire faux-Bond

Vagabond

Facond

Fecond

Infecond

Verecond

Second

Second en duel, a la paume &c.

Profond creux

Profond ſçauant

Gond

Blond

Rond

Rond pour ſaoul

Plus le preſent & l'imperatif des verbes en *ondre* *confond* il *confond*.

Comme le *D* ne ſe prononce point ou ſe prononce comme vn T, tu peux voir les Rimes en *on* & en *ont*.

ARD & ART

parce qu'outre qu'ils riment de meſme, la pluſpart s'eſcriuent indifferemment

Ard d'ardre

Art ſcience

Placart

Brocard

Eſcart à l'eſcart

Escart de cartes
Quart
Demiquart
Dard
Pendard
Estendard
A l'estendard son de trompette
Soudart
Songeart
Fard
Cafard
Piafard
Blafard
Hagard
Bragard
Regard
Regard de fontaine
Angard
Langard
Hard au col
Mouchart
Fil de richard fil d'archal
Liard
Criard
Papelart
Gaillard
Collin maillart jeu
Paillard
Raillard
Braillard
Billard
Babillard
Vieillard
Fretillard
Souillard
Camard
Calemart
Canard
au Renard
Traquenart
Goguenard
Cagnart
Montagnart
Mignard
Poignard
Pontignard
Part portion
Part departir
Depart
eau de Depart
Part de la part d'vn tel
Part pais, d'vne telle part
Part costé, tenant d'vne part

Rempart
Champart ter. de Palais
Leopart
Poupart
Braſſart
Tard
Baſtard
Retard
Vantard
Teſtard
Bauard
Couard
Beſouart
Bayard
Brayard
Hazard
Iazard
Lezard
Griſard
Muſard

ERD

Perd
Verd Voy ert

ORD

Ord
Bord
Bord nauire, du bord de l'Amiral
Abord
d'Abord
Accord
Accord de muſique
Diſcord
Nord
Mord
Démord
Tord
Détord
Retord Voy ort

OVRD

Lourd
Sourd Voy our
Limeſourd

VD

Nud
Crud
Sud Voy les rimes en *V* car le *D* ne ſe prononce qu'à ſud

AVD voy AVT

OEVD

Nœud Voy *Oeu*, car le D ne se prononce point

OVD Voy out & les temps des verbes en Oudre

E' Masculin

BE'

B lettre de l'Alphabet
Abbé
Hebé Deesse de la ieunesse
Flambé perdu
Tisbé
Iubé d'Eglise
Venir à iubé
Plus le preterit & le part. des verbes en *ber*, *tombé* je suis *tombé*.

CE' & SSE'

C lettre de l'Alphabet
Abc Alphabet
Recepicé
Vn fiancé
Decontenancé
Insensé substantif
Insensé adiectif
Le passé
Fossé
Circé
Carme Deschaussé
Cassé foulé
Verglacé
Vn interessé
Plus le pret. & part. des verbes en *cer*, *sser* & *ser* *pincé*, *chassé*, *pensé*.

DE'

D lettre de l'Alphabet
Dé à coudre
Dé à ioüer
Vn obsedé
Vn possedé
Affidé
Vn outrecuidé
Vn amandé lait d'amande
Camelot ondé
Orge mondé
Estre cordé
Vn accordé fiancé
vn Eschaudé

Guedé soul

Degingandé delabré

Vn debordé

Vn possedé

Plus le pret. & le part. des verbes en *der*, *cedé*.

EE'

Voy le pret. & part. des verbes en *Eer*, *creé*.

FE'

Né coëfé pour heureux

Plus le pret. & part. des verbes en *fer*, *estouffé* i'ay *estouffé*.

GE'

G lettre de l'Alphabet

Agé

Abregé

vn Affligé

Carme Mitigé

Orangé couleur

Congé

Clergé

vn Preiugé

Plus le preterit & part, des verbes en *ger*. *erigé*.

CHE'

Entaché

Peché

Psiché

Oeuf poché ter. de Cuisine

Euesché

Archeuesché

Marché paction en vente & achat

Marché lieu public ou se vendent les denrées

vn Debauché

Duché

Gage touché jeu

Plus le preterit & part. des verbes en *cher*, *touché*.

IE' monosyllabe

vn Associé

vn Priuilegié

Poüilié de benefices

Pié le D ne se prononçant point ié ne l'ay point mis

Pié d'arbre, de maison de montagne &c.

de plein Pié
petit Pié mesure
Aller du pié
reduire au petit Pié
gagner au Pié
plante du Pié
tapis de Pié
valet de Pié
Tirepié
Trepié
d'arrache-Pié
à cloche-Pié
marche-Pié
chausse-Pié
Estropié
Vn frelanpié
Amitié
Inimitié
Pitié
Moitié
Moitié femme ou mary
Mauuaistié
vn Excommunié
Maleficié

IE' dissylabe

Delié mince
Delié qui à de l'esprit
Allié parent
Allié confederé
vn Estropié
vn Marié
Plus le preterit & part. des verbes en *ier plier, plié.*

LE'

Lé largeur de toile &c.
du Salé
Feslé fendu
Emmielé
Gris pommelé
Temps pommelé
Vn pelé
Cheual ensellé
Potelé
Tauelé
Griuelé
Zelé
Vn defilé d'armée
Bec-afilé
Iubilé
Riolé-piolé
Simulé feint
Dissimulé substantif
Velours cizelé

Argent cizelé
Vn demeslé
Eceruelé
Plus le preterit & part. des verbes en *ler*, *Pilé*.

BLÉ

Blé bled
Troublé fol
Plus le preterit & part. des verbes en *bler*, *Comblé*.

CLÉ

Clé pour clef
Plus le preterit & part. de verbes en *cler*, *raclé*.

FLÉ

Gros boursouflé
Plus le preterit & part. des verbes en *fler*, *souflé*,

GLÉ

Voy le preterit & part. des verbes en *gler*, *reglé*.

ILLÉ

Caillé de laict
Debiscaillé
Vn deshabillé toillette
Deshabillé habit
Vn debraillé
Perdreau maillé
Poüillé biquoque
Plus le preterit & part. des verbes en *iller*, *mouillé*.

PLÉ

Voy le pret. & part. des verbes en *pler*, *triplé*.

MÉ

Vn affamé
Pois ramé ne se dit qu'au plurier
Clair semé
Le bien aimé
Sublimé
Bout-rimé
Intimé ter. de Palais
A point nommé
Commé voyla bien commé
Pommé bruuage
Consommé nourriture de malade
Bœuf fumé
Plus le preterit & part. des verbes en *mer*, *fumé*.

NE'

Né de naiſtre
Mor-né
Sené drogue medecinale
Morigené
Enchiferné
Erné de coups
Erné auoir mal aux reins
Daphné
vn Rafiné
Enfariné
Effeminé
vn Determiné
Inopiné
Vn blanc-ſigné le G ne ſe prononce point
Raiſiné confiture
Vn obſtiné
Embruiné blé noircy
Doyenné
Poné terme du jeu de toton
Embaſtonné
Cotonné
Aiſné
Puiſné
Fortuné
Infortuné
Baſané
Diſproportionné
Plus le participe & le pret. des verbes en *ner*, *donné*.

PE

P lettre de l'Alphabet
Rapé de vin
Vn recipé
Accipé terme du jeu de toton
Hupé
vn haut Hupé
Iaſpé ſur tranche, &c.
Vn eſclopé
Plus le preterit & part. des verbes en *per*, *coupé*.

RE'

Ré notte de muſique
Effaré
du Vin, du Fruit paré
meur
Quarré ſubſtantif
Quarré adiectif
Vn deliberé
Vn inconſideré
Confederé

Vn pestiferé
Remeré ter. du Palais
Peré ou poiré breuuage
Vn alteré
Misereré maladie
Vermeildoré
Prioré ou Prieuré
Curé
vn Coniuré
Sulfuré
Plus le preterit & part. de verbes en *rer*, *duré*.

BRE'

Delabré
Marbré
Voy le preterit & part. des verbes en *brer*, *nombré*.

CRE'

Voy le preterit & part. des verbes en *crer*, *ancré*.

DRE'

en croix saint André
Blond cendré
Madré
Vn gros effondré
Plus le preterit & part. des verbes en *drer*, *poudré*.

FRE'

Voy le preterit & part. des verbes en *frer*, *cofré*.

GRE'

Degré escalier
Degré vne marche d'escalier
Degré de Geographie, d'Astrologie
Degré Maistre és Arts &c.
Malgré
Bongré
Denigré
Reïntegré

PRE'

Pré
Diapré
Empourpré

RRE' TRE' VRE'

Billebarré
Linge ouuré
Voy le preterit & part. des verbes *Rrer*, *Trer*, *Vrer*, *barré*, *entré*, *seuré*.

SE' qui ſe prononce comme *zé* voy *zé*.

SSE' voy CE'

TE'

T lettre de l'Alphabet
Hebeté
Mechanceté
Vn affeté
Chicheté
Laſcheté
Lethé fleuue d'oubly
Salleté
Habileté
Gaſteau feuilleté
Fermeté
Ancienneté
Souueraineté
Enjareté cheual enjareté
Rareté
Propreté
Aſpreté
Opiniaſtreté
Mieureté
Dureté
Pureté
Impureté
Seureté
Pauureté
Fauſſeté
Sainteté
Netteté
Honneſteté
Chaſteté
Brieueté
Tardiueté
Laſciueté
Naïueté
Oyſiueté
à Sauueté
Ioyeuſeté
Gracieuſeté
Societé
Pieté
Impieté
Varieté
Sobrieté
Contrarieté
Proprieté
Improprieté
Anxieté
poiſſon Laitté
Traitté diſcours

Traitté de paix &c.
Probité
Cité
Capacité
Incapacité
Sagacité
Viuacité
Pudicité
Impudicité
Mendicité
Immondicité
Felicité
Infelicité
Simplicité
Rusticité
Solidité
Timidité
Humidité
Cupidité
Stupidité
Auidité
Commodité
Commodité biens
Incommodité
Incommodité pauureté
Crudité
Fecondité

Infecondité
Surdité
Absurdité
Deité
Alicté part.
Egalité
Inegalité
Legalité
Prodigalité
Frugalité
Realité
Officialité
Formalité
Partialité
Bestialité
Liberalité
Generalité
Moralité
Corporalité
Incorporalité
Temporalité
Neutralité
Pluralité
Qualité proprieté
Qualité dignité
Naturalité
Hospitalité
Brutalité

Mortalité
Immortalité
Spiritualité
Sensualité
Fidelité
Infidelité
Probabilité
Improbabilité
Stabilité
Instabilité
Possibilité
Impossibilité
Volubilité
Debilité
Facilité
Docilité
Agilité
Fragilité
Humilité
Tranquilité
Sterilité
Virilité
Subtilité
Vtilité
Inutilité
Nullité
Fertilité
Infertilité

Hostilité
Ciuilité
Inciuilité

Calamité
Extremité
Pusillanimité
Magnanimité
Proximité
Proximité parentage
Infirmité
Difformité
Vniformité
Conformité
Enormité

Vrbanité mot nouueau
Humanité
Inhumanité
Mondanité
Vanité
Affinité
Infinité
Consanguinité
Virginité
Trinité
Diuinité
Immunité

Oportunité
Importunité
Indemnité
Solemnité
Eternité
Taciturnité
Dignité
Indignité
Malignité
Bonignité

Charité
Familiarité
Particularité
Regularité
Irregularité
Irregularité encourir irregularité
Singularité
Sincerité
Temerité
Prosperité
Posterité
Austerité
Dexterité
Verité
Seuerité
Authorité

Authorité passage d'vn Liure
Securité
Obscurité
Maturité
Mediocrité
Integrité
Immẽsité ter. de Theologie
Aduersité
Diuersité
Vniuersité
Peruersité
Necessité
Cauité
Concauité
Grauité pesanteur, terme d'Escole
Grauité tenir sa grauité
Natiuité
Captiuité
Assiduité
Viduité
Ambiguité
Superfluité
Equité
Iniquité
Vbiquité terme de Theologie

Antiquité
Perpetuité
• Perplexité
Connexité
Prolixité
Sersosité
Curiosité
Animosité
Carnosité
Generosité
Serosité
Ventosité
Impetuosité
Somptuosité

vn Reuolté
Faculté pouuoir
Faculté de Theologie, de Medecine, &c.
Faculté argent en ce sens, il ne se dit qu'au plur.
Difficulté

a Planté abondamment
Entalenté
Santé
la Santé Hospital des pestiferez
Santé terme de debauche

Parenté
Chrestienté
Desorienté
vn Euenté

Apointé ter. de guerre
Bonté
Eshonté
Comté
Effronté
Volonté
bois Floté
Excepté
Volupté
Clarté
Liberté
Puberté
Cherté
Fierté

Enfant gasté
Pasté de pastissier
Pasté d'ancre sur le papier
Pasté au jeu, mettre certaines cartes ensemble par tricherie
Esté d'estre
Esté saison

Majeſté
Sa Majeſté
crime de leze-Majeſté
Coſté
Preuoſté
vn Degouſté

Beauté
Nouueauté
Primauté
Communauté
Principauté
Amirauté
Priuauté
Cruauté
Loyauté
Deſloyauté
Royauté
vn Deputé
Plus le preterit & part. des verbes en *ter*, *taſté*.

VE' monoſſyllabe

Paué
vn batteur de Paué vn vagabond
vn Deprauė
Seneué herbe
Ciué terme de cuiſine
Priué domeſtique, vn canar priué, &c.
Priué particulier
Conſeil Priué
Priué garderobe
vn Salué
ſens Reprouué
enfant Trouué
à cu Leuė terme de jeu
Plus le preterit & part. des verbes en *ver*, *laué*.

VE' diſſyllabe

vn Gradué
Voy le preterit & part. des verbes en *üer*, *atribué*.

GVE'

Gué de riuiere
Delegué
Subdelegué
Plus le preterit & part. des verbes en *guer*, *vogué*.

OVE'

Coué ayant queuë
Eſcoué
Enjoüé

Enroüé sub.
Plus le preterit & part. des verbes en *ouer*, *noüé*

QVE'

Iacqué armé
corps Confisqué vsé
Plus le pret. & le part. des verbes en *quer*, *apliqué*.

XE'

Voy le preterit & part. des verbes en *xer*, *taxé*.

AYE'

Voy le preterit & part. des verbes en *ayer*, *frayé*.

OYE'

vn Deuoyé
Plus le preterit & part. des verbes en *oyer*, *choyé*.

VYE'

Voy le pret. & part. des verbes en *üyer*, *ennuyé*.

ZE' & SE'

Enhazé occupé
Aisé facile
Aisé homme à son aise
Aisé sous aisé gens taxez comme aisez
Malaisé
vn Deniaisé
cheuron Brisé ter. de blason
Carisé estofé
vn Frisé
bien Auisé
Malauisé
vn Composé
Couperosé
vn Rusé
vn Epousé
Touzé tondu
Plus le pret. & part. des verbes en *zer*, *razé*.

E feminin

ABE

Gabe de gaber
Syllabe
Monosyllabe
Dissyllabe
Astrolabe instrument de Mathematique
Arabe peuple
Arabe fig. auare

IBE

Bribe
Scribe
Inhibe verbe
Prohibe verbe
Exibe verbe
} termes de Palais

AMBE

Iambe
Flambe
Flambe pour flame
ïambe vers latin ou pied de vers
Enjambe verbe
Flãbe jetter de la flame
Flambe pour perdre
Flambe verbe, passer sur le feu
Ditirambe vers

IMBE

Limbe ne se dit qu'au p.
Regimbe, verb.

OMBE

Bombe terme de guerre
Colombe
Tombe pierre de sepulchre
Tombe tombeau
Hecatombe
Succombe verb.
Plombe verb.
Plombe de coups
Tombe verb.

OBE

Lobe terme d'Anatomie, les lobes du foye
Globe est long
Robe
Garderobe de femme
Garderobe où l'on fait coucher vn valet ou seruante
Garderobe où se serrent les habits du Roy & des Grands
Garderobe priué
Gobe verb.
Hobe verb.
Desrobe verb.

ARBE

Barbe
Barbe cheual

Rubarbe drogue medecinale

Garbe

Esbarbe verbe

Pantarbe pierre precieuse

ERBE

Gerbe

Herbe

en Herbe auant temps, manger ſon blé en herbe

Superbe

Verbe

le Verbe N. Seigneur.

Prouerbe

Aduerbe

Engerbe verbe

ORBE

Orbe vn coup orbe

Tuorbe inſtrument

VRBE

Turbe terme de Palais, enqueſte par *turbe*

Perturbe

OVRBE

Bourbe

Courbe mal qui vient aux iambes des cheuaux

Tuile courbe

Courbe de cheminée

Fourbe

Tourbe multitude

Tourbe eſpece de charbon

Embourbe verbe

Deſembourbe verbe

Courbe verbe

Fourbe verbe

Detourbe verbe

VBE

Bube

Cube

Incube

Succube

Danube fleuue

AVBE

Aube du jour

Aube de Preſtre

Daube terme de cuiſine

Daube de dauber

Aube riuiere

OVBE

Adoube ter. de trictrac
Radoube vn nauire

ACE & ASSE
qui a l'A bref

Callebaſſe
Efficace
Dedicace
Becaſſe
Dace impoſt
Audace
Galeace
Face viſage
Face de Dieu
Face de l'Eſtat
Face de la Terre
Face du grand Turc
de Primeface
Preface
Prouface
Surface

Chaſſe
Chaſſe de jeu de paume
Chaſſe il ne ſe dit qu'au pluriel

Liaſſe
Paillaſſe
Fallace
Filace
Populace
Glace eau gelee
Glace de miroir
Glace de maſſepain
Place lieu
Place lieu public
Place ville
Place lieu du change

Maſſe de fer
Maſſe monceau
Maſſe de heron
Maſſe fonds d'argent, prendre à la maſſe
Limace
Grimace
Contumace
Homace

Bonace
Menace
Pinaſſe nauire
Cognace
Eſpace
Race

Terrace de jardin
Terrace de rempart
Tirace filet
Cuiraſſe
Trace piſte
Thrace païs
Craſſe
Graſſe il eſt long
Braſſe
Tetaſſe
Creuaſſe
Fouace gaſteau
Beſace
Plus diuers temps & perſ. des ver. en *acer* & *aſſer*, *auocace*, *chaſſe*.
Plus diu. temps du verbe *faire* & ſes composez, *faſſe*, *ſatisfaſſe*

ACE & ASSE dont l'*A* eſt long.

Gráce faueur
Gráce abolition
Gráce remerciement
Gráce mine
Gráce don de Dieu
bonne Gráce rideau de lit
Báſſe feminin de bas
Báſſe de mer
Báſſe vne des 4. parties de Muſique
Báſſe vn homme qui chante la baſſe
Báſſe inſtrument de muſique
chambre Báſſe membre du Parlement d'Angleterre
Cáſſe drogue
Cáſſe il a eu de la caſſe pour dire caſſé
Cáſſe vne voix caſſe
Cháſſe à mettre reliques
Láſſe
Cláſſe
Máce terme de jeu & de deſbauché
Páſſe terme d'eſcrime
Páſſe ter. des ieux de cartes, de billart, mail, &c.
Ioueur de páſſe páſſe
Náſſe
Gráſſe
Táſſe
les Gráces Deeſſes
bonnes Gráces ces deux derniers mots ne ſe diſent qu'au pluriel

Plus diuers temps & personnes des verbes en *acer* & *asser* dont l'A est long, *pâsse*, &c.
Plus diuers temps des verbes en *er*, plust à Dieu que ie *l'aimasse*, auant que ie *l'aimasse*.

ECE

Piece de drap, d'argent, &c.
Piece ouurage d'esprit, comedie, &c.
Piece il y a bonne piece,
Piece vne bonne piece personne malicieuse
faire Piece
tailler en Pieces à plate couture
Aquiesce
Niece ces deux derniers sonnent plus rudement, & se trouuent auec les rimes en *esse*.

ICE & ISSE

Exercice trauail, occupation
Exercice fonctiõ, exercice de sa charge
Exercice militaire
Exercice promenade
Exercice spirituel

Saulsice
Blandice
Appendice
Indice d'vn lieure
Indice doigt
Indice marque preuue
Immondice
Preiudice

Malefice
Benefice d'inuentaire
Benefice bien d'Eglise
Benefice de ventre
Benefice bien-fait
Office charge
Office faueur ou seruice
Office deuoir
Office sommellerie
Office seruice diuin
Sacrifice
Orifice
Artifice
feu d'Artifice
Lice polissoir
Lice chienne
Lice à courre la bague
Hautelice tapisserie
Calice

Malice
Ciſſe ouurage d'ozier
Ecliſſe à faire fromage
Ecliſſe à redreſſer les jambes
Regueliſſe
Cilice
Milice
Police
Complice
Suplice
vn Couliſſe
Vliſſe
Delice
Premice il ne ſe dit qu'au plurier
Nice
Genice
Iaunisse maladie
Eſpice epiſcerie
Eſpice de Iuge
Precipice
Propice
Frontiſpice
Auarice
Nourice
Caprice
Cicatrice
Matrice
Langue matrice
Notice
Iuſtice
haute & baſſe Iuſtice
Iuſtice potence
Iniuſtice
Vice
Nouice
Nouice aprenti
Eſcreuiſſe
Seruice
homme de Seruice
Seruice vtilité, cela m'eſt de grand ſeruice
Seruice de linge
Seruice de table
Seruice des Trepaſſez
Deſſeruice
Narciſſe homme
Narciſſe fleur
Peliſſe fourure
Viſſe eſcalier
Viſſe tournante
Viſſe de voir
Reuiſſe
Preuiſſe
Puiſſe
Cuiſſe
Suiſſe peuple

Suisse portier
Plus diu. temps & perſ. des verbes en *cer* & *iſſer*, *epice*, *lambriſſe*.
Plus diu. tẽps & perſ. d'vne part. des verb. en *ir*, *puniſſe*.
Plus diuers temps & perſ. d'vne partie des verbes qui ont *dre*, *ettre*, *ire*, à l'infinitif, *apriſſe*, *miſſe*, *diſſe*.
Plus faire & ſes compoſez, *fiſſe*, &c.

ANCE & ENCE
Anſe & Enſe.

Ance d'vn pot, &c.
Bonbance
Licence
Licence t. d'Vniuerſité
Innocence
Conualeſcence
Adoleſcence
Concupiſcence
Cenſe ferme
Eſſence
Reticence
Eſſence diuine
Eſſence odeur,
Quinteſſence
Naiſſance
Obeïſſance
Deſobeiſſance
Puiſſance
Impuiſſance
Iouiſſance
Reſiouiſſance
Reſiouiſſance t. de jeu
Conjouiſſance
Connoiſſance
Reconnoiſſance
Méconnoiſſance
Croiſſance
Abſence
Dance
Cadance ter. de dance
Cadance fig. d'vn vers d'vne periode
Decadence
Confidence
benefice en Confidence
Outrecuidance
Euidence
Prouidence
Reſidence
Impudence
Prudence
Imprudence
Dependance

Inde-

Independance
Intendance
• Surintendance
Abondance
corne d'Abondance
Corespondance
Corespondance ter. de banque, &c.
Concordance de la Sainte Escriture
Concordance sintaxe
Discordance
Doleance vieux
Creance foy
Creance ce qu'on donne à dire de bouche à vn Messager
Creance asseurance
Creance ce qu'ō croit, c'est ma creance
Recreance ter. de Palais
Seance
Preseance
Bienseance
Messeance
Surseance
Deffence ter. du Palais, il ne se dit qu'au pluriel.

Defence estre en defence
Defence de sanglier
Enfance
Enfance retourner en enfance
Offence
Gance
Elegance
Arrogance
Manigance
Allegeance
Regence
Indigence
Negligence
Diligence
Intelligence
Indulgence
Indulgences du Pape, ne se dit qu'au pluriel
Engeance
Vengeance
Chance jeu de dez
Chance bon-heur
pot de Fayance, &c.
Science
Prescience
Conscience
Audience

Obedience
Oubliance
Aliance
Fiance pour confiance
Meſſiance
Confiance
Deſſiance
Sapience
Experience
Patience
Patience herbe
Impatience
Lance
Balance
Balance ſigne du Zodiac
Nonchalance
Peſtilence
Vigilance
Silence
Violence
Inſolence
Beneuolence capter la beneuolence
Opulence
Corpulence
Excellence
Excellence dignité, voſtre excellence

Defaillance
Vaillance
Bienueillance
Semblance
Reſſemblance
Vehemence
Clemence
Semence
Accouſtumance
Deſacouſtumance
Continence
Apartenance ter. de Palais, il ne ſe dit qu'au pl.
Lieutenance
Souuenance
Finance
Eminence dignité
Eminence coline
Preeminence
Continence
Incontinence
Impertinence
Abſtinence
Conſonance
Ordonnance du Roy, de l'Eſpargne, de Medecine
Ordonnance compagnie d'ordonnance
Repugnance

Pance
Depence ce qu'on desſpence
Depence garde-manger
Recompence
Attrempance
Diſpence
Frequence
Sequence terme de jeu
Conſequence
Eloquence
Rance
Garance teinture
Apparence
Remembrance
Difference
Indifference
Preference
Conference
Tolerance
Temperance
Intemperance
Eſperance
Reuerence reſpect
Reuerence ſalutation
Reuerence dignité, voſtre reuerence
Ignorance
Aſſeurance
Concurrence

Occurrence
Souffrance
Tranſe aprehenſion
Remonſtrance
Outrance
Deliurance
Perſeuerance
Penitence
Impenitence
Quittance
Laitance
Pitance
Potence gibet
Potence de boiteux
Sentence dit notable
Sentence de Iuge
Accointance
Repentance
Importance
Stance ter. de Poëſie
Aſſiſtance
Subſtance ter. de Philoſophie
Subſtance fig. de toutes choſes
Preſtance
Subſiſtence
Subſiſtance impoſt
Reſiſtance
Diſtance

Instance auec grande instance
Instance ter. de Palais
Constance
Inconstance
Auance d'argent, &c.
Auance saillie de maison
Redeuance
Cheuance
Conniuence
Suruiuance
Obseruance
Iouuance
Affluence
Müance de Musique
Nüance de couleurs
Preuoyance
Aisance commodité
Aisance priué
Plaisance lieu de plaisance
Suffisance
Insuffisance
Nuisance
Vsance
Plus diuers temps & perf. des verbes en *ancer*, *anser*, *encer* & *enser*, *lance*, *encense*, *pense*.

INCE & INSE

Mince
Prince
Prouince
Pince d'vn collier
Pince tenaille
Pince verbe
Rince
Grince
Plus diuers temps & perf. d'vne partie des verbes en *ner*, *tasse*.

ONCE & ONSSE

Once poids
Once animal
Semonce
Nonce
pierre-Ponce
Quinconce
Response
Responce herbe
Ronce
Plus diuers temps & perf. des verbes en *oncer*, *fronce*.

OCE voy OSSE

ARCE & ARSE

Farce terme de cuisine
Farce de theatre
Farce verbe
Garce fille
Garce fille desbauchée
Parce
Escharce menagere
Arse bruslée
Esparse

ERCE & ERSE

Herce instrument de Laboureur
Commerce
Perse couleur
Perse Païs
vin en Perse
à Verse pleuuoir à verse
à la Renuerse
Trauerse chemin de trauerse
Trauerse mal-heur
Conuerse Religieuse
Diuerse
Aduerse
partie Aduerse
Controuerse
Peruerse
Tierce heures Canoniales
Tierce terme d'escrime
Tierce fieure tierce
Tierce de Musique
Plus diuers temps & pers. des verbes en *ercer*, *exerce*.

ORCE & ORSE

Escorce
Force
Force beaucoup
Amorce appast
Amorce de canon
Entorce
Diuorce
Torce
Retorce
Escorce
Escorce verbe
Force verbe
Renforce verbe
Esforce verbe
Amorce verbe
Forces à couper
Forces troupes, ils ne se disent qu'au pluriel.

OVRCE & OVRSE

Ourſe la femelle d'vn Ours
Ourſe conſtellation
Ourſe ſeptentrion
Bourſe
coupeur de Bourſe
Debourſe verbe
Embourſe verbe
Rebourſe
Courſe
Pource
Source d'vne riuiere, &c
Source fontaine
Source origine
Reſſource

VCE & VSSE ou Euſſe.

Aumuſſe
Puce
Prepuce
Aſtuce
Buſſe de boire
Imbuſſe
Muſſe de muſſer
Suce
Epuce
Fuſſe
Valuſſe
Preualuſſe
Reſoluſſe
Vouluſſe
Paruſſe
Apparuſſe
Diſparuſſe
Comparuſſe
Couruſſe
Acouruſſe
Diſcouruſſe
Encouruſſe
Parcouruſſe
Concouruſſe
Mouruſſe

I'euſſe d'eſtre
I'euſſe d'auoir
Suſſe
Deceuſſe
Aperceuſſe
Receuſſe
Conceuſſe
Cheuſſe
Décheuſſe
Leuſſe

Esleusse
Pleusse
Compleusse
Depleusse
Emeusse
Pûsse de pouuoir
Pûsse de paistre
Creusse de croistre
Decreusse
Accreusse
Creusse de croire
Teusse de taire
Connusse
Meconnusse

AVCE voy OSSE dont la penultieme est longue

OVCE voy OVSSE

ADE

Gambade
Rambade de galere
Aubade
Saccade
Baricade
Caualcade
Estocade espée
Estocade coup d'espee
porter vne Estocade demander l'aumosne
Arcade
Cascade d'eau
Cascade cheute
Embuscade
Muscade
rose Muscade
à la Desbandade
Fade
Estoufade ter. de cuisine
Brigade
Bourgade
Aigade
Balade
Balade sorte de Poëme
Salade d'herbe
Salade casque
Escalade
Herbelade toute d'herbes
Encelade
Marmelade
Pelade
Estafilade
Enfilade terme de trictract
Enfilade se dit fig.
Oeillade

Grillade
Coustillade
Sanglade
Accollade ter. de Cheualerie, donner l'accollade
Accollade de lapreaux
Peuplade
Chamade terme de guerre
Pommade
Pommade terme de voltigeur
Gourmade
Esplanade
Panade
Menade
Ratepenade
Serenade
Grenade fruit
Grenade d'artillerie
Marinade terme de cuisine
Carbonnade
Gasconnade
Limonnade breuuage
Canonnade
Cassonade
Bastonnade
Escapade

Estrapade
donner l'Estrapade

Rade
Mascarade
Bigarade orange
Tirade terme de dance
Tirade de paroles
Algarade
Camarade
Parade
à la Desesperade
Grade il est long
Dorade poisson
Estrade terme de guerre, battre l'estrade
Estrade de chambre
Poiurade

Ambassade
Cassade
Passade de cheual
Passade pour aumosne
Ancepessade
Palissade de jardin
Palissade d'vne fortification
Glissade
Maussade

Mousquetade
Capilotade
Incartade
Stade
Vade terme du jeu de Prime
Bráuade
Ruade
Escoüade

Nayade
Pleyade constellation
Olympiade
Dryade
Amadryade

Camizade
Croizade
Harquebuzade
Plus diuers temps & pers. des verbes en *ader*, *persuade*.

EDE

Tiede
Mede peuple.
Remede
Ganimede
Andromede
Intermede
Plus diuers temps & pers. des verbes en *eder*, *cede*.

IDE

Ide ne se dit qu'au pl.
Danaide
Homicide sub.
Homicide ad.
Parricide sub.
Parricide ad.
Alcide
Candide
Splendide
Sordide
Nereïde
Eneïde
Egide
Valide
Inualide
Solide

Pyramide
Timide
Humide
Eumenide furies, il ne se dit qu'au pluriel

Cupide

Intrepide
Stupide
Insipide
Ride
Aride
mouche-Cantharide
Bride
Ephemeride ne se dit qu'au pluriel
Hemorroïde
Hesperide ne se dit qu'au pluriel
Zone-torride
Subside
Palus Meotides ne se dit qu'au pluriel
Vuide
Auide
Cuide
Guide
Fluide
Ouide
Liquide
Plus diuers temps & pers. des verbes en *ider*, *preside*, &c.

AIDE

Aide verbe
Aide nom
Aides pour subsides au pluriel
Laide
Plaide voy Ede, parce que l *ai* est assez doux

OIDE

Roide
Froide voy Ede, car ces mots sonnent de mesme à l'oreille

OLDE

Solde

ANDE & ENDE

Bande troupe
Bande de linge, &c.
Platebande terme d'architecture & de iardinage
Contrebande terme de marchandise
Prebende
Legende de Saints
Legende fig. multitude
Viande
Calande il ne se dit qu'au pluriel, Calandes Greques
Lande on ne dit guere ce mot qu'au pluriel

Houpelande
Guirlande
Glande
Demande question
Demande de mariage
Amande
paste D'amande
Amende peine
Limande poisson
Reprimande
Offrande
Lauande
Plus les fem. des noms en *and* & *end*, *brigande*, &c.
Plus diuers temps & perſ. des verbes en *ender*, & *ander*, *commande*, &c.
Plus quelques temps des verbes en *endre*, *pende*, &c.

INDE

Inde
coq-d'Inde
Guinde verbe
Brinde terme de desbauche

ONDE

Onde eau
Onde vague
Onde d'estofe
Bonde
Fonde & fronde
Monde
le beau Monde
Immonde
Ronde faire la ronde
Ronde celuy qui fait la ronde
Sonde de nauire
Sonde de Chirurgien
Rotonde
Ioconde
Plus les fem. des noms en *ond.*, *blond*, *blonde*.
Plus diuers temps & perſ. des verbes en *onder*, *ſeconde*.

ODE

Ode
Code
Epissode
vn Periode
vne Periode
Mode
Commode
Incommode
Synode
Epode
Custode rideau d'Autel

Custode du Saint Sacrement

Custode de pistolet

Custode donner le foüet sous la custode, terme de Iustice

Methode

Brode brune

Brode verbe

Accommode verbe

Incommode verbe

Infeode verbe, terme de Palais

ARDE

Barde Prestre Gaulois

Barde de cheual

Hallebarde

Bombarde

Iombarde herbe

Carde legume

Carde à carder la laine

Garde d'vn Grand

Garde homme qu'on prend pour garder quelque chose

Garde de malade

vn corps de Garde

monter en Garde, &c. termes de guerre

estre en Garde pour dire estre sur ses gardes

Garde d'espée

Garde fruit de garde

sauue-Garde protecteur

sauue-Garde protection

auant-Garde

arriere-Garde

par Mesgarde

Gaillarde dance

Poularde

Harde habits, il ne se dit qu'au pluriel

Escharde

Bastarde canon

Outarde oiseau

Moutarde

on en va à la Moutarde

vne Nazarde

Plus les fem. des noms en *ard*, *camard*, *camarde*. Plus diuers temps & pers. des verbes en *arder*, *hazarde*.

ERDE

Merde

Perde
Reperde

ORDE

Orde
Borde
Corde
Corde mesure de bois
danceur de Corde
Corde friser la corde
Discorde
pomme de Discorde
Concorde
Exorde
Plus diu. temps & pers. des verbes en *order*, *aborde*.

VRDE

Absurde

OVRDE

Bourde menterie
vn plante-Bourde
Gourde
Lourde fem. de lourd
Balourde
Hapelourde fausse pierre
Hapelourde fig. vn sot
Sourde
lime-Sourde
lime-Sourde outil
Ourde d'ourder
Bourde de bourder,

VDE

Prelude
Rude
Quietude
Inquietude
Estude cabinet
Estude sçauoir
Estude soin, il aplique son estude, &c.
Estude aprentissage des sciences, il ne se dit qu'au pluriel, aux estudes
Habitude
Sollicitude
Lassitude
Vicissitude
Longitude
Latitude
Similitude
Plenitude
Solitude
Decrepitude

Beatitude
Gratitude
Ingratitude
Exactitude
Multitude
Promptitude
Certitude
Incertitude
Seruitude
Elude verbe

AVDE

Chiquenaude
Emeraude
Fraude
Baguenaude fruit
Bequenaude
Plus les fem. des noms en *aud*, *badaude*
Plus diu. temps & perſ. des verbes en *auder*, *rauaude*.

OVDE

Coude
faire Coude terme d'Architecture
Accoude
Soude
Deſſoude
Diſſoude
Reſoude reſolue

EE

BEE

Bée part.
geule-Bée
veüe Bée terme de Palais
Enjambée
à la Deſrobée
Gerbée
Plus les part. fem. des verbes en *ber*, *tombée*.

CE'E voy SSE'E.

DE'E

Medée
Idée
Glandée
Ondée
vne Accordée
Coudée
Guedée ſoule
Deginguandée
Plus les part. fem. des verbes en *der*, *gardée*.

EEE

Voy les part. fem. des verbes en *eer*, *creée*.

FEE

Fée
Trofée
Orphée
Morphée
Alphée
Estoufée terme de cuisine
Plus les part. fem. des verbes en *fer*, *estoufée*.

GEE

Dragée de sucre, de plomb
Orangée de couleur orangée
vne Rangée
vne Gorgée
Mer Egée
Escourgée
bataille Rangée
Plus les part. fem. des verbes en *ger*, *rangée*.

CHEE

Bochée
Nichée
Nichée fig. multitude, nichée d'enfans
Tranchée fossé
Tranchée maladie
Tranchée de S. Mathurin, folie
Ionchée de laict
vne Acouchée
vne Bouchée
Plus les part. fem. des verbes en *cher*, *lechée*.

IEE

Alliée
Desliée mince
Desliée fig. spirituelle
Criée terme de Palais
vne Mariée
Plus le part. fem. des verbes en *ier*, dissil. *liée*, *reniée*.

LEE

Allée de iardin
Allée & venuë
Valée
Peslée
Galée galere vieux mot
Feslée fenduë
Gelée
Gelée de viande
terre Sigillée

vne Palée
Batelée
Batelée multitude
Ratelée en dire sa ratelée
Clauelée maladie de brebis
vne Escheuelée
vne Griuelée petite volerie d'Officier ou de Commis
vne Ecernelée euentée
corneille Emmantelée
Meslée combat
Poëlée
Guilée
Giboulée
Decolée qui a la gorge fort descouuerte
Volée troupe d'oiseaux
Volée pour vol, prend sa volée
Volée de canon
Volée terme de jeu de paume
Volée condition, &c. il n'est pas de sa volée
à la Volée à la legere
Mausolée
Emperlée

d'Emblée prendre d'emblée
Assemblée gens assemblez
Assemblée terme de chasse
Assemblée compagnie de diuertissement
Giroflée fleur
L'onglée aux doigts
Plus les part. fem. des verbes en *ler*, *colée*, *meublée*, *souflée*, *estranglée*.

ILE'E

Fueillée
Aiguillée
Corbeillée
Quenoüillée
Plus les part. fem. des verbes en *iller moüillée*.

PLE'E

Voy les part. fem. des verbes en *tripler*, *triplée*, *couplée*.

ME'E

vne Ramée
balle Ramée
Pigmée

Lyon de Nemée
Renommée
à la Coustumée
Fumée
Fumée fient de la beste, terme de chasse
Armée
laictuë Pommée

Plus les part. fem. des verbes en *mer*, *estimée*.

NE'E

Née de naistre
Mortnée
Année
Saffranée
Tanée
Bazanée
Mediteranée mer
Halenée
Menée conspiration
licence Effrenée
Pyrenée montagnes au pluriel
Hymenée
Saugrenée terme de cuisine
Haquenée
Aisnée
Trainée de poudre &c.
Puisnée
Disnée
Eschinée
Cheminée
Trainée
la Destinée
Matinée
Vinée
Poëslonnée
Sçamonée drogue
truite Saumonnée

Erronnée
Iournée iour
Iournée bataille
à la Tournée
Fournée

Plus les part. fem. des verbes en *ner*, *adiournée*.

GNE'E

Araignée
Saignée
Eschignée
Lignée

Coignée
Poignée plein la main
Poignée de fil
Poignée d'eſpée
Poignée vne poignee de gens

Plus les part. fem. des verbes en *gner*, *accompagnée*.

PÉE

Eſpée
porte Eſpée
Lipée, franche-lipée
Pipée
Poupée d'enfant
Poupée de filace
Hupée
haute Hupée
allouete Hupée
Soupée
l'apres-Soupée
Proſopopée

Plus les part. fem. des verbes en *per* *rapée*.

RÉE

Efarée
Briarée
Marée flus de la mer
Marée poiſſon de mer
chaſſe-Marée
Nerée
Pannerée
Poirée
ſoirée & Serée
Denrée marchandiſe
Orée d'vn bois
Borée
Chicorée
Picorée
Curée
Durée
Purée
vne Eſchaufourée
Beurrée

Plus les part. fem. des verbes en *rer*, *parée*.

BRÉE

Ambrée
Timbrée ceruelle bien timbrée

Plus les part. fem. des verbes en *brer*, *ombrée*.

CRÉE

Sucrée faire la ſucrée

Crée verbe
Recrée verbe
Procrée verbe
Concrée verbe

Plus les part. fem. des verbes en *crer*, *ancrée*, *sucrée*.

DRE'E

Cendrée poudre de plomb

Plus les part. fem. des verbes *drer*, *poudrer poudrée*.

FRE'E

Galimafrée terme de cuisine

Plus les part. fem. des verbes en *frer*, *cofrer*, *cofrée*.

GRE'E

Agrée
Desagrée
Maugrée
Simagrée
Denigrée
Reïntegrée

PRE'E

Prée pour prairie
Vesprée
fievre Pourprée
Empourprée
Diaprée

RRE'E

Bourrée dance
Bourrée fagot

Plus les part. fem. des verbes en *rrée*, *barrée*.

TRE'E

Entrée
Entrée de table & de balet
Entrée faire son entrée
Entrée donner entrée
Ventrée
Contrée
Astrée Deesse
mer Erythrée

Plus les part. fem. des verbes en *trer*, *outrée*.

VRE'E

Coulevrée herbe
Liurée couleur
Liurée present de nopces

Plus les part. fem. des verbes en *vrer*, *seurée*.

SE'E qui se prononce comme *zée*, voy *zée*.

SE'E & CE'E

Fricassée
Passée enjambée
Passée piste
Passée de gens de guerre
Brassée
vne Fessee
Lycée Academie
Pensée
Pensée fleur
vne Fiancée
vne Pincée
chaire Percée
Persée
Chaussée.

Plus les part. fem. des verbes en *sser* & *cer*, *passée*, *pincée*.

TE'E

voye Lactée
vne Hebetée
vne Affetée
Promethée
carpe Laittée
Nuittée
corne d'Amalthée
vne Reuoltée
Anthée
Edentée
vne Euentée
vne Pintée
Ehóntée part.
Montée escalier
Effrontée
Chartée
Hottée
cartes Tarrotées
vne Degoustée
Prothée
Portée force selon sa portée
Portée ventrée

Plus les part. fem. des verbes en *ter*, crotée.

VE'E dissyllabe

Trauée
Leuée pour digue
Leuée du Parlement &

Leuée de gens de guerre & de siege
• de Releuée terme de Palais
main-Leuée terme de Palais
Leuée de bouclier
Arriuée
d'Arriuée
Priuée domestique
Priuée familiere
Cuuée
Estuuée
Couuée
Coruée

Plus les part. fem. des verberbes en *ver*, *lauee*.

VE'E trissillabe

Buée lesciue vieux mot
Hüée
Nüée

Plus les part. fem. des verbes en *üer*, *atribuée*, *tuée*.

GVE'E

Voy les part. fem. des verbes en *guer*, *aleguée*.

OVE'E

Brouée

Plus le part. fem. des verbes en *ouer*, *vouée*.

QVE'E

Bequée
Mosquée

Plus le part. fem. des verbes en *quer*, *ataquée*.

XE'E, ayée, OYE'E

Voy le part. fem. des verbes en *xer*, *ayer*, *oyer*. *taxée*, *rayée*, *broyée*,

VYE'E

Ennuyée
Appuyée
Essuyer

ZE'E & SE'E

Enhazée
Billeuezée
Thesée
Aisée sub.
Aisée ad.
Malaisée

vne Deniaisée
champs Elizées ne se dit qu'au pluriel
Risée
Brisée terme de chasse
Brisée fig. dessein, marcher sur les brisées
Prisée
Visée
Croisée de fenestre
Croisée de chemin
vne mal-Auisée
bien-Auisée
Rosée
Fusée de fil
Fusée de poudre
faire Fusée la poudre qui prend mal
Vne Rusée
vne Espousée
Touzée

Plus le part. fem. des verdes en *zer* ou *ser*, *frisée*.

FE & PHE

Les mots qui s'escriuent auec vn *ph.* se prononcent de mesme que ceux qui s'écriuent auec vn f; ie les ay mis ensemble.

AFE

eau de Naffe
Parafe
Paragrafe
Geografe
Topografe
Historiografe
Cosmografe
Orthografe
Olografe
Girafe animal
Epitaphe
Agrafe
la Piafe
Agrafe verbe
Parafe verbe
Piafe verbe
Dégrafe verbe

EFFE

F lettre de l'Alphabet
Greffe terme de Iustice
Greffe à enter
Greffe de greffer

IFE

Apocrife

Escogrife
Grife
Logogrife enigme
Hieroglife
Pontife
Bife verbe
Debiffe verbe
Brife verbe
Grife verbe
Atife verbe

OIFE

Coïfe nom
Coïfe verbe
Décoïfe

OLFE

Golfe
Engolfe verbe

IMFE

Nimphe
Paranimphe

OMFE

Triomphe nom
Triomphe jeu
Triomphe verbe

OFE

Philosophe
Limitrofe
Apostrofe
Strofe d'vne Ode
Antistrofe d'vne Ode
Catastrofe
Estofe
Philosophe verbe
Estofe verbe

VFE

Bufe ioüe
Bufe soufler
Rebufe verbe
Trufe verbe

AVFE

Gaufe nom
Chaufe verbe
Reschaufe verbe
Eschaufe verbe

OVFE

Toufe d'arbres
Estoufe verbe
Boufe verbe

GE

AGE

Age il est long
Ambage
Iambage
Herbage
Cage
Marescage
Bocage

Adage
Brigandage
Bandage
Cordage

Peage

Chaufage
Antropophage

Gage
Bagage
Nauigage

Langage
Branchage
Aliage de metaux
Chariage
Chariage
Voyage
Mariage
Establage
Pucelage
Maquerellage
Vasselage
Battelage boufonnerie
Estalage
Attelage
Village
Volage
feu-Volage
Pillage
Cartilage
Feuillage
Bailliage
Assemblage de metaux, d'architecture, &c.
Plage
Remplage
Naulage
Ramage d'oiseaux
Ramage velours à ra-

mage

Image portrait, ressemblance

Plumage

Dommage

Hommage

Fromage

Nage coëfure de Dueil, il ne se dit qu'au pluriel

Apanage

Mesnage

Badinage

Iardinage

Minage de blé, &c.

Pelerinage

Voisinage

Cousinage

Patronnage

Personnage vn grand personnage

Personnage qui ioüe vn rollet

Carnage

Gagnage

Lignage

Témoignage

Page d'vn liure

Page de Grand

Equipage

Rage

Parage

Comparage

Arrerage ne se dit qu'au pluriel

Terrage

Orage

Pressurage

Pasturage

Naufrage

Suffrage voix

Suffrage au pluriel signifie priere

Ombrage

faire Ombrage

Arbitrage

Fenestrage

Outrage

Ouurage

Labourage

Courage

Courage parole d'exhortation

Fourrage

Sage

Passage

Passage de l'Escriture Saincte, &c.
Message
Remplissage
Apprentissage
Corsage
Tage fleuue, *l'A* est long
Estage
Hermitage
Heritage
Potage
pour tout Potage
Ostage
Balotage
Tripotage
Auantage
Desauantage
Dauantage
Parentage
Partage
Rauage
Lauage
Seruage
Riuage
Bruuage
Esclauage
Veuuage
Sauuage ad.
vn Sauuage
Cocuage
Nuage
Louage
Garouage

Presage
Vsage coustume
Vsage terres en cõmun
Païsage lieu champestre
Païsage peinture
Visage

Plus diuers temps & pers. des verbes en *ager*, *nage*.

EGE & EIGE

College
College des Cardinaux
Sacrilege sub.
Sacrilege ad.
Sortilege
Priuilege
Liege
Piege
Siege à s'asseoir
Siege de ville
Siege Presidial

Siege pour le desirer
Neige
de Neige ad. qui ne vaut rien
perce-Neige fleur
Maneige
Pleige
Cortege mot nouueau

Plus diuers temps & perſ. des verbes en *eger*, *alege*.

IGE

Prodige
Lige homme lige
Tige d'vne plante
Tige de famille
Veſtige
Litige terme de Palais

Plus diuers temps & perſ. des verbes en *iger*, *fuſtige*.

EIGE voy EGE

VLGE

Vulge

ANGE

Ange
lit Dange
rire aux Anges ne ſe dit qu'au pluriel
boire aux Anges ne ſe dit qu'au pluriel
eau d'Ange
Archange
Vendange
Vuidange
Fange
Gange fleuue
Lange
Phalange
Meſlange
Change ſujet au châge
prendre le Change
place du Change
lettre de Change
à Rechange
Eſchange
Orange
Grange
Frange
Eſtrange
Louange
Mezange oiſeau
Lozange

Plus diuers temps & perſ. des verbes en *anger*, *mange*.

INGE

Linge
Singe
Thuringe païs

ONGE

Longe de veau, de cheureuil, &c.
Longe de cuir
Longe d'oiſeau
Alonge
Eſponge
Songe
Menſonge

Plus diuers temps & perſ. des verbes en *onger*, *ronge*.

OGE

Loge
Loge de comedie
Horloge
Eloge

Plus diuers temps & perſ. des verbes en *oger*, *deroge*.

ARGE

Charge fardeau
Charge Dignité, Office
Charge deuoir
Charge à la charge, à condition
Charge commiſſion
Charge d'arquebuze
Charge term. de guerre, aller à la charge
Charge terme de Mareſchal
Charge accuſation, charges & informations
ſonner la Charge terme de guerre
Charge il eſt en ſa charge, en ſa garde
Deſcharge quittance
Deſcharge d'artillerie
Deſcharge de fontaine
Surcharge
Large
Large liberale
Marge
Targe

Plus diuers temps & perſ. du verbe *charger*, & ſes composez *charge*.

ERGE

Heberge verbe

Alberge fruit
Ramberge vaisseau
Flamberge espée
Submerge verbe
Serge
Asperge
Asperge verbe
Verge de fer
Verge à foüetter, vn foüet
Verge mesure
Verge de Magicien
Verge bague

IERGE

Cierge
Concierge
Vierge la bienheureuse Vierge
Vierge pucelle
Vierge homme Vierge
Vierge cire Vierge, huile Vierge
Vierge Signe du Zodiac.

ORGE

Orge
faire ses Orges gagner beaucoup
Forge
eau de Forge
Gorge
Gorge sein
Gorge d'vne valée
Gorge rendre gorge
rouge Gorge oiseau

Plus diuers temps & perſ. des verbes en *orger*, *forge*.

VRGE

Purge
Purge d'vn crime
Panurge

OVRGE

Courge
Bourge ville, il s'escrit auec vne *ſ*

VGE

Grabuge
Iuge
Iuge verbe
Adjuge verbe
Gruge

Refuge
Deluge
Subterfuge
Transfuge

AVGE

Auge
Bauge de ſanglier
Sauge
Iauge il eſt de jauge
Iauge jauger du vin

OVGE

Bouge nom
Gouge deſbauchée
Rouge couleur
Rouge fard
mer Rouge

ACHE

H lettre de l'Alphabet
Ache herbe
Hache coignée
Hache d'armes
Cache cachette
Rondaches
Gamache
Plumache
Panache
Tache
Attache lien
Attache d'habit
Attache pouuoir ou conſentement
Attache levrier d'attache
bas d'Attache
Patache
Piſtache
Mouſtache de la barbe
Mouſtache cadenette
Vache
Brauache

Plus diuers temps & perſ. des verbes en *acher*, *crache*.

ECHE voy EICHE

ICHE & ISCHE

Fiche terme de jeu
Fiche terme de ſeruice
Affiche
Stocfiche poiſſon
Chiche
pois Chiche
Miche.

Niche
Corniche
Biche animal
Friche terre en friche
Hiche expression naturelle du froid
Hemistiche

verbes

Fiche
Affiche
Niche
Deniche
Triche

EICHE & ESCHE, bref

Cresche
Séche fem. de sec
Séche maigre
Séche poisson
rose Séche couleur
Flesche
Mesche de mousquet
Mesche de lampe de chandelle &c.

Plus diuers temps & pers. des verbes en *cher* & *escher*, bref *peche, leche,*

ANCHE

Hanche
Blanche fem. de blanc
Blanche aux cartes
carte Blanche plein pouuoir
Esclanche
Planche ais
Planche terme de iardinage
Manche
Manche d'habit
Dimanche
Branche
Franche libre
Franche non dissimulée
Franche exemte
Tanche poisson
Tranche de pasté, de poisson, &c.
Tranche de liure.
Reuanche

Plus diuers temps & pers. des verbes en *ancher, espanche.*

ONCHE

Conche en bonne conche

Ionche verbes
Bronche

OCHE

Hoche faire hoche
Coche chariot
Coche truye
Coche fig. grasse
Caboche teste
Caboche terme de lapidaire
Synecdoche fig. de Rethorique
Loche poisson
Cloche
Cloche esleueure, empoule
Cloche de verre
Galoche mules
Galoche Escoliers de dehors, filles de la Reine de dehors
Poche d'habit
Poche estomac d'oiseau de proye
Poche violon
Bouroche herbe
Broche
Croche pour crochuë
Anicroche
Vne Acroche
icy Proche
Proche parent
Aproche on ne le dit qu'au pluriel
faire vn Aproche terme de guerre
Reproche

Plus diuers temps & perf des verbes en *ocher*, *eloche*.

ARCHE

Arche de Noé
Arche d'vn pont
Arche de l'Alliance
Patriarche
Marche
Contremarche
battre la Marche termes de guerre
Marche degré
Demarche port, contenance
Marche verbes
Demarche

ERCHE

Recherche de mariage
Recher-

Recherche enquefte
Perche de bois, mefure
• Perche poiffon
Perche verbe
Cherche verbe

ORCHE

Porche
Torche d'enterrement
Efcorche verbe
Torche verbe

OVRCHE

Fourche
à la Fourche mal-fait
il Fourche il dit vn mot pour vn autre, principalement quand le mot eft fale
Fourche verbe

ASCHE

Gafche de porte
Lafche languiffant
Lafche poletron
Lafche non tendu
du Relafche
Tafche d'ouurage

Plus diuers temps & perf. des verbes en *afcher*, *fafche*.

ESCHE long

Befche de iardinier
Piegriefche oyfeau
Piegriefche fig. pour aigre
Lefche
Pefche de pefcher
Pefche pefcherie
Pefche fruit
Depefche lettre
Depefche verbe hafte
Depefche enuoye
Depefche pend, tuë
Depefche fig. voila vne belle depefche
Empefche verbe
Frefche fraifche
Frefche nouueau, nouuelles frefches
Prefche predication
Prefche verbe
Reuefche eftofe
Reuefche de mauuaife humeur
Cheuefche oifeau

E

ESCHE bref voy. EICHE

ISCHE voy ICHE

VSCHE

Busche
Embusche

VCHE

Trebuche verbe
Huche verbe
Huche coffre au pain
Iuche verbe, des poules
Cruche
Cruche fol, melancholique
Austruche
en estomac d'Austruche
Breluche jeu
Espluche verbe
Peluche
Coqueluche maladie
Freluche
fan-Freluche
Ruche de mouches à miel

AVCHE

Debauche
Debauche verbe
vne Esbauche de tableau
Esbauche verbe
Gauche
Gauche cela est gauche
Fauche
Cheuauche terme d'Escuyer

OVCHE & OVSCHE

Bouche
Couche lit
Couche accouchement
fausse-Couche
Couche terme de peinture
Couche de fumier
Douche terme de bain
Louche
Mouche
Mouche que les dames mettent sur le visage
maistresse Mousche
piés de Mouche escriture difficile à lire

Eau de pié de Mouche
Escarmouche
Farouche
Souche d'arbre
Souche stupide
Souche de famille
Touche de quadran
Touche à lire
pierre de Touche
Touche craindre la touche
Touche il a eu vne touche
Cartouche
Cartouche balle coupée par quartiers

Plus diuers temps & pers. des verbes en *oucher*, *acouche*.

PHE voy FE

car ils se prononcent de mesme

BIE

Fourbie part.
Subie verbe
Amphibie
Arabie
Lybie

CIE & SSIE & TIE qui se prononce de mesme

Scie à scier
Chassie
Pharmacie
Vessie
Superficie
Chiromancie
Esquinancie
Coursie de galere
Messie
Circoncie verbe
Primatie
Prophetie
Apoplexie

Plus diuers temps & pers. des verbes en *cie*, *aprecie*.

Plus les part. fem. des verbes en *cir*, & *ssir*, *adoucie*, *grossie*.

DIE

Arcadie païs
Rossignol d'Arcadie asne
Maladie
Tragedie

Comedie
Tragicomedie
Perfidie
Lydie païs
Melodie
Palinodie
Rapſodie
Proſodie
Hardie
Encyclopedie
Incendie

Plus diuers temps des verbes en *dire*, *die*, *meſdie*.

Plus diuers temps & perſ. des verbes en *dier*, *congedie*.

Plus les part. fem. des verbes en *dir*, *grandie*.

EIE

Obeie
Deſobeie
Abbeye pour Abaye.

FIE

Geografie
Coſmografie
Topografie

Philoſophie
Boufie part.

Plus diuers temps & perſ. des verbes en *fier*, *pariſie*.

GIE

Magie
Elegie
Priuilegie verbe
Effigie verbe
Effigie portrait
Effigie pendu en effigie
Genealogie
Analogie
Theologie
Ethymologie
Chronologie
Apologie
Aſtrologie
Lethargie
Energie
Orgie de Bacchus
Chirurgie
Liturgie
Bougie
Bougie verbe

Plus les part. fem. des verbes en *gir*, *eſlargie*.

HIE

Hie instrument de paueurs, &c.
Trahie
Esbahie
Enuahie
Haïe
Abaïe

CHIE

Chie verbe
Monarchie
Oligarchie
Hierarchie
Anarchie

Plus les part. fem. des verbes en *chir*, *blanchie*.

LIE

Lie de vin, &c.
Lie du peuple
Italie païs
Homelie
Folie
Ancolie fleur
Iolie
Melancolie
Poulie
Thessalie païs

Plus diuers temps & perſ. des verbes en *lier*, *lie*.

Plus les part. fem. des verbes en *lir*, *abolie*.

BLIE

Oublie d'oublieur
Oublie verbe
Publie
Eſtablie part.
Affoiblie part.
Ennoblie part.

ILLIE

Saillie ſortie
Saillie baſtir en ſaillie
Sallie d'eſprit
Bouïllie

Plus les part. fem. des verbes en *illir*, *bouillie*.

PLIE

Plie poiſſon
Plie verbe
Suplie

Multiplie
Emplie participes
Desemplie
Remplie
Accomplie

MIE

Mie de pain
Mie point, vous ne l'aurez mie
Amie
Mamie terme de carresse
Infamie
Bigamie
Polygamie
Demie
Epidemie maladie
Esmie verbe
Ennemie
Academie
Academie où l'on apprend les exercices
Boulimie
Chalemie
Metonymie
Sodomie
Momie
Preudomie

Astronomie
Physionomie
Oeconomie
Anatomie
Chymie
Alquemie

Plus les part. fem. des verbes en mier, *affirmie*

NIE

Hircanie païs
Manie folie
Epiphanie
Demonomanie
Litanie
Vranie Muse
Zizanie
Genie esprit
Genie demon
Iphigenie
Chastellenie
Villenie
Chanoinie Canonicat
Ignominie
Cacophonie
Agonie
Felonie
Colonie

Ceremonie
Querimonie
Simonie
ſymphonie
Harmonie
Ironie
Acrimonie
Baronnie
Gloutonnie
Tyrannie
Calomnie
Compagnie aſſemblée
Compagnie aller de compagnie, faire cõpagnie
Compagnie de gens de guerre
Compagnie de perdrix
Compagnie humeur, de bonne compagnie
Meſgnie

Plus diuers temps & perſ. des verbes en *nier*, *manie*.

Plus les part. fem. des verbes en *nir*, *brunie*.

PIE

Pie oiſeau
Pie cheual
œuure-Pie
Pepie mal à la langue
Pepie ſoif, terme de deſbauche
il Pepie de ſoif
Impie
Eſtropie verbe
Eſpie verbe
Eſpie eſpion
Harpie oiſeau fabuleux
Harpie auide, auare
Charpie
Roupie
Toupie nom
Toupie verbe
Expie
Eſtropie
Copie
Copie

Plus les part. fem. des verbes en *pir*, *acroupie*.

RIE

Rie de rire
Vierge Marie exclamation
bain-Marie
Canarie païs

Canarie dance
Tartarie païs
Marrie
Brasserie
Plumasserie
Megisserie
Epicerie
Mercerie
Gaudisserie
Tapisserie
Patisserie
Rotisserie
Gausserie

Ladrerie
Maladerie
Commanderie
Grimauderie
Crierie
Tuerie

Vendangerie lieu où l'on fait le vin
Boulangerie
Mangerie
Mangerie rapine
Singerie
Bergerie

Conciergerie

Vacherie
Tricherie
Supercherie
Escorcherie
à l'Escorcherie cherement
Porcherie
Fascherie
Pescherie
Boucherie
Boucherie massacre
Boucherie mener à la boucherie, à la mort

Galerie de maison
Galerie de fortification
Diablerie
Chancellerie
Sorcellerie
Sommellerie
Intemperie
Hostellerie
Raillerie
Pillerie
Artillerie
Pouillerie
Brouillerie

Tuilerie jardin du Roy, il ne se dit qu'au pluriel
Tuilerie à faire tuiles
Drolerie
Volerie brigandage
Volerie d'oiseaux

Imprimerie
Mommerie
Gendarmerie

Asnerie
Tannerie
Forcenerie
Vennerie
Badinerie
Mutinerie
Yurongnerie
Moinerie
Mesquinerie
Fauconnerie
Boufonnerie
Coyonnerie
Friponnerie
Poltronnerie
Sonnerie
Poissonnerie
Draperie
Draperie donner sur sa draperie, railler
Draperie terme de peinture, & sculpture
Friperie
Friperie sur sa friperie, le piquer, le railler
Piperie
Tromperie
Bizarrerie
Tresorerie Dignité Ecclesiastique
Verrerie
Folatrerie
Teinturerie
Baterie de fusil, terme d'armeurier
Baterie gourmade
Baterie de cuisine
Baterie de canon
Flaterie
Sauaterie
Afferterie
Pelleterie
Panneterie
Papeterie
Laiterie
Chanterie
Enchanterie
Galanterie

Vanterie
Argenterie
Menterie
Charpenterie
Dissenterie maladie
Pesterie
Asterie pierre precieuse
Mousqueterie
Brauerie
Orphevrie
Moquerie
Sophistiquerie vieux
Resuerie
Beuuerie
Niaiserie
Arquebuserie où l'on s'exerce à tirer
Arquebuserie mousqueterie

Prairie
Librairie
Frairie
Confrairie
Prairie
Metairie
Hoirie terme de Palais
Plaidoirie
Armoirie
Voirie

Categorie terme d'Escole
Categorie ordre, classe

Pasques Fleurie au pluriel
Seigneurie
Furie d'enfer
Furie fureur, roideur
Escurie

Plus diuers temps & pers. des verbes en *rier*, *charrie.*

Plus les part. fem. des verbes en *rir*, *tarie.*

BRIE

Brie païs
Abrie d'abrier

CRIE

Crie terme de College
Crie appelle
Crie tance
Descrie deffend, descrier les passements
Descrie medire
s'Escrie de s'escrier

DRIE

Amoindrie
Attendrie

PRIE

Prie
Déprie
approprie

TRIE

Trie separe
Patrie
Rapatrie verbe
Idolatrie
Geometrie
Symmetrie
Industrie
Pestrie ad.
Pestrie verbe

VRIE

Apauurie

SIE qui se prononce comme zie. *v.* zie.

SIE & SSIE voy CIE

TIE

Sympathie
Antipathie
Clitie nymphe, fleur
Partie part.
Partie de jeu de paume, de cartes
Partie de chasse, de jeu, de guerre, &c.
Partie aduerse
Partie celuy qu'on deffend, ma partie
Partie memoire de depense, il ne se dit qu'au pl.
Partie merite, il a de rares parties
prendre à Partie
Departie
Repentie Filles repenties, Religieuses
Ortie
Sortie de maison
Sortie de ville assiegée
Chastie verbe
Rostie de pain
Rostie ad.
Modestie
Sacristie
Hostie victime

Hoſtie S. Sacrement
Amniſtie
Scythie païs
Poutie petite ordure

Plus les part. fem. des verbes en *tir*, *aſſortie*.

TIE qui ſe prononce, comme cie *v.* cie

VIE

Vie
Vie deſbauche, faire ſa vie
eau de Vie
Pauie fruit
Abreuie verbe
Suiuie
Enſuiuie
Pourſuiuie
Syluie couleur
Enuie

verbes

Enuie
Conuie
Obuie

Plus les part. fem. des verbes en *vir*, *rauie*.

VIE diſſ. voy **VYE**

OVIE

l'Ouye

Plus les part. fem. des verbes en *ouir*, *resiouie*.

XIE

Apoplexie maladie

Voy les rimes en *cie*.

ZIE & SIE

Aſie païs
Antonomaſie
Apoſtazie
Apoſtazie verbe
Raſſazie verbe
Freneſie
Poëſie
Hereſie
Pleurezie maladie
vne Saiſie terme de Palais
Paralyſie
Hydropiſie
Hypocriſie
Fantaiſie imagination
Fantaiſie opinion

Bourgeoisie
Bourgeoisie droit de Bourgeoisie
Ambrosie
Courtoisie
Maluoisie
Ialouzie passion
Ialousie espece de chasis

Plus les part. fem. des verbes en *zir*, *choisie*.

ALE

Bale de mousquet
Bale de tripot
Bale de marchandise
Bale de dez
de Bale ad. qui ne vaut rien
Cabale des Iuifs
Cabale science cachée
Cabale brigue, monopole
Cimbale ne se dit point qu'au pluriel
Timbale au pluriel
Cale coëfure
fonds de Cale
Oraison Dominicale
lettre Dominicale
Dale tranche
Dedale nom
Dedale labyrinthe
Medale
Risdale monnoye
Scandale
Reale monnoye
Cephale
pierre Philosofale
Gale
noix de Gale
passé en Gale fol
Regale d'Orgue
Regale sub.
droit de Regale
Cigale
Vertugale
Halle lieu public, marché
mer-Glaciale
Imperiale fleur
Imperiale fruit
Imperiale d'vn carosse
la Mercuriale
ligne Equinoxiale
Male cofre
troussé en Male
Bacanale Festes ce mot & les deux suiuants ne se disent qu'au pluriel

Saturnale
Annale ne se dit qu'au pluriel
Opale pierre precieuse
Cathedrale
Pastorale comedie
Sale qui n'est pas nét
Sale partie d'vne maison
Sale d'escrime, de dence, &c.
donner la Sale terme de College
gris Sale couleur
Tantale
Vestale
Capitale ville Metropolitaine
lettre Capitale
Cauale
Ouale
Interuale
Oruale herbe

vertu Theologale
vertu Cardinale

Plus les fem. des noms en *al*, *liberale*

Plus diuers temps & pers. des verbes en *aler*, *cale*.

ABLE

Probable
Improbable
Cable
Implacable
Impeccable
Vocable
Reuocable terme de Palais
Irreuocable
Formidable
Recommandable
cas Pendable

Agreable
Desagreable
Dommageable
Dedommageable
Mangeable
Irrefragable

Fable
Affable
Reprochable
Irreprochable
Preiudiciable
Diable

Amiable
à l'Amiable
Mariable
Seruiable
au Prealable terme de Palais
Valable
Semblable
Dissemblable
vray-Semblable
Inuiolable
Emerueillable
Consolable
Inconsolable
Aimable
Inestimable
Tenable place tenable
Conuenable
Indeclinable
Abominable
Raisonnable
Irraisonnable
Desraisonnable
Inexpugnable
Palpable
Impalpable
Coupable
Capable

Incapable
Rable
Erable arbre
Separable
Inseparable
Comparable
Incomparable
Innombrable
Innumerable
Venerable
Vituperable
Miserable
Admirable
Memorable
Honorable
Deshonorable
Amande Honorable
Exorable
Inexorable
Fauorable
Secourable
Incurable
Durable
Perdurable
Deplorable
Sable sablon
Sable noir, terme de Blazon

Sable banc de ſable
Sable horloge de ſable
Paſſable
Connoiſſable
Meconnoiſſable
Reconnoiſſable
Table meuble
Table il tient table
Table de diamans, &c.
toute-Table jeu, il ne ſe dit qu'au pluriel
Table Geografique, &c.
Stable
Eſtable
Conneſtable
Profitable
Equitable
Charitable
Ineuitable
Notable
Delectable
Lamentable
Domtable
Indomtable
Veritable
Eſpouuentable
Comptable
or Potable

Suportable
Inſuportable
Deteſtable
Acoſtable
Redoutable

Receuable
Redeuable
Müable
Immüable
Louable

Croyable
Incroyable
Ployable
Imployable implacable
Effroyable
Faiſable
Meſpriſable
Excuſable

Plus diuers temps & perſ. des verbes en *abler*, *acable*.

Plus on peut faire de ces rimes de tous les verbes en *er*, & de pluſieurs en oitre, & en *oir*, mais la plus part ne ſont pas en vſage

EBLE

EBLE

* Hieble herbe
Feble pour foible
Foible defaut, c'est mon foible

IBLE

Bible
Indicible
Corrigible
Incorrigible
Intelligible
Infaillible
penible
Terrible
Horrible
Crible
Crible verbe
Passible
Impassible
Accessible
Inaccessible
Remissible cas remissible
Irremissible
Possible
Impossible
Reprehensible
Irreprehensible
Comprehensible
Incomprehensible
Sensible
Insensible
Compatible
Incompatible
Susceptible
Imperceptible
Contemptible
Corruptible
Incorruptible
Flexible
Inflexible
Visible
Inuisible
Diuisible
Indiuisible
Paisible
Loisible
Nuisible
Plausible

OIBLE

Foible voy EBLE

AMBLE & EMBLE

Amble d'aquenée
Amble verbe
Amble desrobe
Tremble verbe
Tremble arbre
Semble
Ressemble
Assemble
Ensemble ad.

OMBLE

Comble d'vne maison
Comble extremité, sommet, il est au comble de ses desirs, mal-heureux
Comble de combler
de fond en Comble
Comble plein
pié Comble se dit d'vn cheual

VMBLE

Humble

OBLE

Noble
partie Noble
Vignoble

VBLE

Affuble
Deffuble
Indissoluble
Ensuble de tisseran
Chazuble de Prestre

EVBLE

Meuble
Immeuble
il Meuble
il Demeuble

OVBLE

Double
Double copie
Double monnoye
Double trompeur
Double de doubler vn habit
Dédouble
Trouble obscur
Trouble confusion, guerre
Trouble

ACLE

Tabernacle
Pinacle
Miracle
Oracle diuinité
Oracle reſponce de la Diuinité
Habitacle
Receptacle
Spectacle
Obſtacle

ECLE

Siecle

ICLE

Sicle
Cycle ſolaire
Epicycle des Planettes
Manicle
Article
Beſicle lunettes

ONCLE

Oncle
Froncle

ERCLE

Cercle rond
Cercle cerceau
demi-Cercle inſtrument de Mathematique
Couuercle

ASCLE

Baſcle
Debaſcle
Raſcle
Maſcle terme de blazon

VSCLE

Muſcle

OVCLE

Boucle
Boucle de cheueux
Boucle verbe
Boucle verbe vne caualе
Eſcarboucle

AFLE

Rafle jeu

Rafle de rafler

EFLE

Trefle herbe
Trefle peinture aux cartes
Nefle est long
Besfle Isle
Gifle ioüe, vieux mot
Renifle verbe
Escornifle verbe.
Morgnifle donner vne morguifle, vn souflet verbes
Sifle
Chifle
Chifle boire

ENFLE

Enfle
Renfle
Desenfle

ONFLE

Gonsfle bouffit
Ronfle de ronfler
Ronfle jeu
Ronfle dormir, ioüer à la ronfle

OFLE

cloud de Girofle

VFLE

Bufle
Bufle lourdaut
Bufle collet de bufle
Mufle
Trufle

OVFLE

Ecoufle oiseau
Moufle
Maroufle iniure
Pantoufle

Plus diuers temps & pers. des verbes en *oufler*, *soufle*.

EGLE, EIGLE & AIGLE

Reigle à regler.
Reigle ordonnance, loy
Régle maxime
Régle de Religieux
il Régle
Déregle
Ségle
Aigle oiseau

pierre d'Aigle
Espiegle

IGLE

Bigle

ANGLE

Angle
Triangle
Sangle
Sangle verbe
Dessangle
Estrangle

INGLE

Cingle en mer
Cingle fouette fort
Espingle
Tringle de fer,

ONGLE

Ongle
Iongle de iongler

EVGLE

Meugle
Beugle
Aueugle
Aueugle verbe
Desaueugle

ELLE

L lettre de l'Alphabet
Elle pronom
Belle
Gabelle
Escabelle
Isabelle couleur
Rebelle
Libelle
Libelle satyre
Cibelle
Celle pronom
Nacelle
Estincelle
Escarcelle
Parcelle
Sarcelle oiseau
Pucelle
Pucelle poisson
Crescelle
Selle à s'assoir
Selle de cheual
boutte-Selle son de trompette
Aisselle
Vaisselle
Ficelle

Haridelle
Modelle
Citadelle
Chandelle
Rondelle
Hirondelle oiseau
Cordelle tirer à sa cordelle
Fidelle
Infidelle
Ridelle de charette
Eschelle
Vielle instrument de Musique
Parallele
Femelle
Iumelle
Semelle
Semelle de la fable
Semelle
Semelle pié, sauter dix semelles
Hydromelle bruuage
Allumelle
Mammelle
Philomele femme, oiseau
Canelle
Canelle de cuue

Pianelle
Tournelle Chambre du Parlement
Sentinelle estre en sentinelle
Sentinelle celuy qui est en sentinelle
Prunelle de l'œil
Prunelle fruit
Perronnelle
Tonnelle allée couuerte
Tonnelle filet
Pimprenelle

Paile à feu
Chapelle d'Eglise
Chapelle d'alambic
Heresipelle
Coupelle

Crecerelle oiseau
Chanterelle
Tourterelle
Merelle jeu, il ne se dit qu'au pluriel
Sauterelle
Tourelle
Querelle
Maquerelle
Gratelle

Curatelle
Bretelle
Immortelle fleur
Tutelle
Cautelle
Dantelle

Iauelle
Carauelle nauire
Grauelle
Maniuelle de puis
Nouuelle fem. de nouueau
Nouuelle ce qui se passe
Nouuelle terme de Palais
Quelle
Laquelle
Sequelle
Escuelle long
Rüelle de lit
Ruelle petite ruë
Trüelle
Rouelle
Escrouelle mal, il se dit ordinairement au pluriel
Mouelle
Voyelle

Zele
Demoiselle
Mademoiselle
Donzelle
Filoselle
Cacozelle

Plus les fem. des noms en *el*, *mortelle*.

Plus diuers temps & pers. des verbes en *eler*, *gele*.

ILE & ILLE

dont l. ne moüille pas

Bile
Habile
Malhabile
Labile
Debile
Mobile
premier Mobile
Immobile
Sybile
Sibile de pressoir

Facile
Difficile
Imbecile

Vſtencile
Sicile païs
Domicile
Docile
Concile

Crocodile

File
Chefdefile } termes de guerre
Sorrefile
Tranchefile d'vn liure

Agile
Fragile
Vigile
Virgile
Euangile
Argile

Chyle
Achille

Mille nombre
Mille meſure de chemin

Pile
croix-Pile jeu
Pupile

Sterile

Vtile
Inutile
Stile long
Subtile
Reptile
Fertile
Infertile

Ville
hoſtel de Ville
maiſon de Ville
vaude-Ville
pomme de Caluille
Vile feindre vil peu de valeur
Ciuile
Inciuile
Tranquile
Seruile

Azile

Plus diuers temps & perf. des verbes en *iler*, *ſile*.

AILE voy ESLE

OILE

Toile linge

Toile terme de chasse, il ne se dit qu'au pluriel
Voile de nauire
Voile fig. vn vaisseau
Voile de femme
Voile fig. obscurité
Voile verbe
Deuoile
Estoille
Estoille marque au frõt d'vn cheual
Estoile d'Imprimerie
Estoile d'vn bois, &c.

ILLE qui moüille

Bille de billard
Bille de bois
Faucille
Peccadille petit peché
Picadille espece de rotonde
Mandille
Fille
Famille
Camomille herbe
Chenille
Cochenille
Guenille
Drille
Soudrille
Grille
Grille de Religion
Morille
Estrille
Beatille
Pastille
Apostille
Canetille
Gentille
Lentille graine
Lentille du visage
Castille querelle
Castille Royaume
Bastille
Cheuille
Cheuille du pié
Cheuille terme de Poësie
Anguille poisson
Aiguille
Aiguille d'vn cadran
Aiguille marine
Aiguille à cheueux
Aiguille poisson
de fil en Aiguille
Quille jeu
Quille de nauire

chamarré en Quille
Ionquille fleur
Esquille
Coquille
Bequille

Plus diuers temps & perf. des verbes en *iller*, *petille*.

AILLE

Caille oiseau
Racaille
Rocaille
Escaille esclat de bois, &c.
Escaille de poisson
huistre à l'Escaille
Clicaille
Clinquaille
Medaille
Crapodaille estofe
Mangeaille
Gogaille desbauche
Maille monnoye
Maille d'vn filet
Maille en l'œil
Maille chemise de maille
jaque de Maille
pince-Maille
Marmaille
Limaille
Volaille
Canaille
Tenaille
Paille
Ripaille
Tripaille
Muraille
Ferraille
Broussaille
Taille stature
Taille à la taille
Taille terme de Chirurgie
Taille baston surquoy on marque
Taille vne des 4. parties de Musique
Taille celuy qui chante la taille
d'estoc & de Taille
Bataille
Valetaille
Fustaille
Vaille de valoir
vaille que Vaille
Trouuaille

Creuaille
Ouaille brebis
Touaille linge
Grisaille
Geusaille
ces noms ne se disent qu'au pluriel
Fiançailles
Accordailles
Espousailles
Represailles
Semailles
Funerailles
Plus diuers temps & perf. des verbes en *ailler*, *paille*.

EILLE

Abeille
Corbeille
Vermeille
Corneille
Pareille
Nònpareille
Nompareille ruban fort estroit
Nompareille dragée
Sans-pareille dragée
Oreille
auoir bonne Oreille terme de Musique
faire la Sourde oreille
Curoreilles
Treille
Veille soirée
Veille iour de deuant
Veille fig. estude, le fruit de ses veilles
Merueille
Bouteille
Bouteille empoule d'eau
Bouteille solecisme incongruité
Ozeille herbe
verbes
Sommeille
Appareille
Conseille
Veille
Vieille ce mot a vn son different des precedens

EVILLE

Feuille d'arbres
Feuille de papier de dantelle, de parauant, &c.
porte-Fueille
Plus diuers temps & perf. des verbes en *euiller*, *accueille*.

OVILLE

Gribouille
Douille terme d'armeurier
Coquefredouille
Bredouille terme de trictrac, &c.
Andouille
Gargouille espece de verre à boire.
Gargouille d'eau
Houille espece de charbon
Grenouille
Pouille chanter pouille
Despouille
Patrouille
Citrouille legume
Citrouille femme grossiere
Quenouille à filer
Quenouille de lit
Quenouille de carosse

Plus diuers temps & pers. des verbes en *ouiller*, *barbouiller*.

Les suiuans me paroissent plus longs que les autres.

Rouille

verbes

Rouille
Enrouille
Desrouille
Fouille
Souille
Brouille
Debrouille

ANLE

Branle branlement
Branle dance
Branle donner le branle aux affaires
Branle verbe
Esbranle

OLE dont l'*o* est bref

Parabole
Faribole
Symbole
Symbole des Apostres
Obole
Hiperbole
Cole
Cole cassade
Escole
Escole faute au jeu
Bricole saugle

Bricole de jeu de paume
Bricole fig. jouer vn tour
Protocole
Portecole

Idole
Idole stupide
Gondole
Gondole petit batteau
Eole
Rougeole
Rigole
Fole
Tauayole
Babiole
Phiole
Capriole
Bestiole
Viole
Mole
Croquignole
Monopole
Parole
Banderolle
Verole
petite Verole
Virole

Sole
Console d'Architecture
Girasole pierre precieuse
Boussole
Estole
Pistole
Pactole fleuue
Friuole
Camisole

Plus diuers temps & pers. des verbes en *oler, vols*

OLE dont l'*o* est long & OSLE

Bóle de casse
Geóle
Móle. d'vn port de mer
Móle de femme
Róle
Drosle
Contróle
verbes
Contróle
Enróle

APLE

Naple

gros de Naple estofe, ces mots s'escriuent auec vne S.

IPLE

Triple
Disciple
Triple verbe

AMPLE & EMPLE

Ample
Temple
Temple de la teste
Contemple
Exemple

IMPLE

Simple
Simple sans malice
Simple herbe

OPLE

Sinople verd en terme d'armoirie
Constantinople

VPLE

Quadruple
Quadruple monnoye
Centuple

EVPLE

Peuple
Peuple verbe
Dépeuple

OVPLE

Couple paire
Souple
Couple
Découple
Acouple

ARLE

Parle
Pourparle

ERLE

Merle
Perle
gris de Perle couleur

VRLE

Hurle

ASLE

Haslé vn chien

Hasle vn batteau, le remonter
Hasle du Soleil, nom
Masle
Pasle
Rasle oiseau
verbes
Hasle
Dehasle
Rasle agonise

ESLE & AISLE

pesle-Mesle adv.
Aisle d'oiseau
Aisle de bastiment
Aisle d'armée
en auoir dans l'Aille
à tire-d'Aisle
Paisle à feu
Fresle
Gresle
Gresler clair, voir gresle
Niesle qui gaste les blez

Plus diuers temps & pers. des verbes en *esler*, *mesle*.

ISLE

Isle

AISLE voy ESLE

OISLE

Poisle à fricasser
Poisle d'Eglise, dais
Poisle à mettre du feu

OSLE voy OLE long.

VSLE

Brusle

VLE

Bule
Preambule
Mandibule
Macule
Bascule
Ridicule
Pellicule
Canicule
Ventricule
Particule
Caroncule
Renoncule fleur
Hercule
colonnes d'Hercule

lettre Majuſcule
Opuſcule
Crepuſcule
Cedule
Credule
Incredule
Glandule
Virgule
Cellule de mouſches à miel
Cellule de Religieux
Pilule
Mule
Mulle pantoufle
Mulle aux talons
Formule

Nulle
Canule
Scrupule de conſcience
Scrupule poids
Ferule
Peninſule
Spatule
Fiſtule
Puſtule

Plus diuers temps & perſ. des verbes en *vler*, *poſtulé*.

AVLE

Gaule païs
Gaule houſſine
Saule arbre
Eſpaule
preſter l'Eſpaule verbes
Enjaule
Miaule
Eſpaule
Eſpaule eſpauler vn cheual
Eſpaule ſecourir, ſouſtenir

EVLE

Gueule
Gueule rouge, terme d'armoiries
fort en Gueule
Gueule il gueule bien
de Gueule
Begueule
Filleule
Seule
Ayeule
Biſayeule
Triſayeule

TVLE

EVLE long.

Meule
Meule de foin
Veule abatu de chaleur
paste Veule pour molle

OVLE bref

Boule
tenir pied à Boule
Foule
Ciboule
Poule
Poule terme de jeu
Empoule
sainte Empoule

Plus diuers temps & perſ. des verbes en *ouler*, *coule*.

OVLE long.

Moule
Moule à ſe coëfer
Moule poiſſon
bois de Moule
Saoule

Plus diuers temps & perſ. des verbes en *ouler*, qui ont la penultieſme longue, comme eſcroule

ME

AME bref, & EMME

Dame
Madame
tripe-Madame herbe
trou-Madame jeu
noſtre-Dame la bien heureuſe Vierge
ter-Dame exclamation
noſtre-Dame exclamation
Vidame
Game
Game chanter la game à quelqu'vn, luy dire ſes veritez
Bigame
Poligame
Lame d'eſpée, &c.
Lame d'or, d'argent. &c.
Reclame d'oiſeau
Reclame d'Imprimerie
Flame
Flame fleur
Rame

Rame de papier
Anagrame
Epigramme
Trame
Trame Poëtiquement pour la vie
Trame trahiſon
Dictame
Eſtame
bas d'Eſtame
Femme
ſage-Femme

Plus diuers temps & perſ. des verbes en *amer*, *entame*

AME long, & ASME

Ame
Diffame
Infame
Blaſme
Blaſme verbe
Paſme
Dictame

Plus le puriel des pret. des verbes en *er*, pour ceux, qui voudront rimer au pluriel, *aimaſmes*, *donnaſmes*.

EME long, ESME, & AIME

Diadéme
Blaſphéme
il Blaſphéme
Poliphéme
Stratagéme
Bleſme
Embleſme
Probleſme
Diléme
Meſme pronom
Meſme adv.
à Meſme boire à meſme, &c.
Poëme
Careſme
Creſme
S. Creme
Creſme quinteſſence
Creſme verbe
Supreſme
Extréme
Theme
Bapteſme
Anathéme
Aime d'aimer

Deuxiéme
Troiziéme &c.
Quantiéme
Penultiéme

EME bref, & ESME

M, lettre de l'Alphabet
Seme
Aposeme
Breme poisson
Aime verbe

AGME

Dragme monnoye
Dragme poids.
Diaphragme

EGME

Phlegme
Apophtegme

IGME

Enigme

OGME

Dogme

IME bref

Cime
Decime
Grandissime
Insime
Regime de viure
Regime terme de Grãmaire
Lime
Sublime
Sinonime
Minime Religieux
Minime couleur
Rime
Rime au pluriel se prend pour Poësie
Crime
Escrime
Prime jeu
Prime heures Canoniales
Estime valeur
Estime reputation
Legitime
Legitime de partage
Illegitime
Maritime
Intime

Victime

Maxime

Plus diuers temps & perſ. des verbes en *imer*, *eſtime*.

IME long, voy ISME

AIME, Voy EME long & bref

ALME

Alme vieux mot, l'alme Venus

Calme

Calme verbe

Palme arbre

Palme fig. victoire

ELME

feu ſaint Elme

Chelme iniure

Anſelme nom

AMME voy AME

EMME

Femme

ſage-Femme

voy AME bref, car il

ſe prononce de meſme

OMME

Comme ainſi

Comme lors que

Comme comment

Gomme

Homme

bon Homme pour vieillard

Gentil-homme

Prud'homme

Pomme

Pomme de lit

Rome

Somme d'argent

Somme arreſté d'vn compte

Somme cheual de ſomme

Somme ſommeil

Sommes d'eſtre, pour ceux qui voudront rimer au pluriel

Plus diuers temps & perſ. des verbes en *ommer*, *nomme*.

INSME

Si tu veux rimer au pluriel, voy le pret. des verbes en *nir*, nous *tinsmes*,

OME long, OSME & AVME

Dóme
Axióme
Móme Dieu Mome
Cinamóme
Oeconóme
Astronóme
Tóme
Epitôme
Atóme
Symptóme
Fantosme
Fantosme d'arme
Baume
Embaume verbe
Heaume
Chaume
Paume de la main
Paume jeu
Paume mesure
Pseaume
Royaume

ARME

Arme nom
Heraut-d'arme
cotte-d'Arme
Carme vers
Carme Religieux
Carme de trictrac, au pluriel
Vacarme
Gendarme
Gendarme terme de lapidaire
Charme arbre
Charme sortilege
Charme appas
Larme
Alarme

verbes

Arme
Alarme
Desarme
il se Gendarme
Charme

ERME

Ferme metairie
Ferme asseuré
terre Ferme
Ferme jeu
Germe
Terme

Terme borne
Terme mot, en beaux termes
Terme Dieu de la Fable

verbes

Ferme
Enferme
Deferme
Afferme
Germe

IRME

Infirme
Affirme verbe
Infirme vne sentence
Confirme

ORME

Orme
Corme fruit
Chiorme de galere
Forme figure
Forme essêce des choses
Forme de soulier, de chapeau, &c.
Forme de lieure
Forme terme d'Imprimerie
argument en Forme
Informe
Difforme
Vniforme
Plateforme
Enorme

verbes

Dorme
Endorme
Forme
Difforme
Informe
Conforme
Transforme

OVRME

Gourme mal de cheual il se dit aussi figurement
Gourme verbe
Gourme gourme vn cheual, verbe
Chiourme d'vne galere

ASME voy AME

ASME où l's se prononce

Entousiasme
Cataplasme
Pleonasme

Erasme

VESME voy EME

ISME long & IME

Abisme
Abisme verbe
Disme
Disme verbe
Plus le pl. des pret. des verbes qui n'ont pas *er*, à l'infinitif, pour ceux qui voudront rimer au pluriel, *prismes*, *punismes*.

ISME où l'S. se prononce

Solecisme
Sophisme
Iudaïsme
Atheisme
Sylogisme
Chisme
Catechisme
Paganisme
Christianisme
Lutheranisme
Putanisme
Anacronisme
Caluinisme
Hebraïsme
Barbarisme
Gargarisme
Aphorisme
Exorcisme
Rhumatisme

OSME voy óme long

VME, VSME
& EVSME

Escume
Legume
Enclume
Volume
Plume
Plume à escrire
Plume fig. vn Autheur, c'est vne bonne plume
Plume à mettre sur le chapeau
tranche-Plume
au poil & à la Plume propre à tout
Rhume
Bythûme
Amertume
Amertume fig. fascherie

Coustume
Coustume loy
Posthume Enfant qui naist apres la mort de son pere
Aposthume
Apostume

Plus diuers temps & pers. des verbes en *vmer*, *fume*.

Pour *vsmes* au pluriel, voy les verbes qui font *vsmes* au preterit comme *fusmes*, *courumes*. Tu les trouueras tous aux rimes en *vsse*, mais l'*V* est long à la plus-part.

AVME voy OME long

NE

ANE bref

Cabane
Cane
Cane baston
Cane poltron
Chicane
Barbacane terme de fortification
Sarbacane
Plane arbre
Plane outil d'artisan
Panne de graisse
Panne de soye
Frangipane gans de frangipane
Sane terme de trictrac, il ne se dit qu'au pluriel
Membrane
Tramontane
Pauane dance
Carauane
Bazane
Ptisane
Courtisane
Pertuisane
Païsane

Plus diuers temps & pers. des verbes en *aner*, *vane*.

ANE long, & ASNE

Diafane
Profane
Organe
Diane Deesse
Diane terme de guerre, battre la diane
Crâne

Manes ne se dit qu'au pluriel
Manne du Ciel
Manne panier
Asne
pas-d'Asne herbe
en dos d'Asne en talut

ENE, ENNE, AINE & EINE bref

N, lettre de l'Alphabet
Ebene
Aubene
Cene
Cadene
Helene
Silene
Estrenne
Catecumene
Bedaine
Fredeine
Laine
Tirelaine filou
Baleine
coste de Baleine
Haleine
Court-haleine
Pourcelaine
Marjolaine
Plaine païs plat
Semaine
Domaine
laictuë-Romaine
Graine
Migraine
Gangraine
Peine nom
Peine verbe
Seine riuiere
Marraine
Tirretaine estofe
Metropolitaine
Mitaine
onguent miton-Mitaine
Capitaine
Futaine estofe
Huitaine
Dixaine
Douzaine
Vingtaine
Centaine &c.
Quintaine
fiévre-Quartaine
Fontaine
Fontaine robinet

Veine
Veine de metal
Veine de Poësie
Veine source d'eau
Aueine auoine
Veruaine
Neuuaine faire vne neuvaine
Pretentaine
point de Genne
Garenne
Antenne d'vn navire
Antienne
mer Caspienne
verbes
Moyenne verbe
Soustienne
Prenne
Et ses composez, qu'on trouuera aux infinitifs en *endre*.

Plus les fem. des noms en ain, ein, & ien, *certaine*. *pleine*, *chienne*.

Plus diuers temps & pers. des verbes en *ener*, *mene*.

Plus diu. temps d'vne partie des verbes en *nir*, qu'il *vienne*.

AINE long, voy ESNE

AGNE bref

Alemagne païs
Campagne
piece de Campagne petit canon
Champagne païs
Compagne
Accompagne verbe
Pistagne
Montagne
Sardagne Isle
Espagne païs
cire d'Espagne
point d'Espagne
païs de Cocagne

AGNE long

Gagne

EGNE

Regne
Interregne
il Regne

Plus voy les rimes en eigne.

IGNE

Bigne boſſe
Guigne fruit
Ligne
Ligne d'eſcriture
Ligne à peſcher
Ligne de fortification
Ligne de circonualation
Ligne de bataille
Ligne equinoxiale
Maligne
Benigne
Inſigne
Vigne
Tigne
Tigne ver qui mange les habits
Cygne oiſeau
Digne
Indigne
Condigne terme de Theologie
Signe conſtellation
Signe marque

Plus diuers temps & perſ. des verbes en *igner*, *reſigne*.

AIGNE & EGNE

Brebeigne ſterile, il eſt long
Peigne
vn tour de Peigne
Empeigne
Enſeigne
Enſeigne drapeau
Enſeigne officier
Enſeigne d'vn Marchand
Enſeigne de pierreries.
Teigne
Teigne ver qui mange les habits
Chaſtaigne

Plus diuers temps & perſ. des verbes en *aigner*, *daigne*.

Plus diu. temps des verbes en *aindre* & *eindre*, *plaigne* *ceigne*.

OIGNE

Teſmoigne

Plus diu. temps des verbes en *oindre*, *ioigne*, *oigne*.

ONGNE & OGNE

Cigogne
conte de la Cygogne
Vigogne
demi-Vigogne
hostel de Bourgogne
Gascogne
Charogne
Grogne
Trogne
Yurogne
Besogne
Besogne de nuit, deshabille de femmes, en ce sens, il ne se dit qu'au pluriel
Rogne

Plus diuers temps & pers. des verbes en *ongner* & *ogner*, *Rongne*, *cogne*.

ARGNE

vne Hargne
Espargne
Espargne tresor du Roy
Hargne verbe
Espargne verbe

ERGNE

Hergne

ORGNE

Borgne
Esborgne verbe
Lorgne verbe

VGNE

Repugne verbe
Impugne verbe

INE

Babine
Bobine
Concubine
Carabine
Cassine
Becassine
Fascine
Racine
Medecine art
Medecine remede
Houssine
Piscine

Lucine
Brigandine arme
Gourgandine
Alemandine pierre precieuſe
Ferandine eſtofe
Dodine terme de cuiſine
Sardine poiſſon
Crapaudine pierre precieuſe
mains Crapaunines
à la Sourdine terme de guerre
à la Sourdine fig. ſans faire bruit
Sauuagine
Origine
Androgine
Chine
Machine
Eſchine
Saline
eau Criſtaline
beſte Cheualine
marthe Zebeline
Capeline
Capeline chapeau de femme

Hongreline
Mouſſeline toile
Iaueline
Aueline
Diſcipline foüet
Diſcipline Eccleſiaſtique
Diſcipline inſtruction, capable de diſcipline
Bouline terme de mer
Mine contenance, ſemblant
bonne Mine
faire bonne Mine
Mine de metail
Mine moüe, faire la mine
Mine creux ſouſterrain
Mine eſpece de meſure
Contremine
Famine
Eſtamine
Eſtamine paſſer par l'eſtamine
Hermine
Vermine
Heroïne
la Marine
Marine ad.

Narine
Latrine au pluriel
Doctrine
Poitrine
Vrine
Auanturine pierre precieuse
Coulevrine
sous sa Couleurine
Terrine
Gobatine
Sabatine de College
Platine
Platine d'Eglise
Vrsuline Religieuse
Matines il ne se dit qu'au pluriel
Tetine
Terebentine
Argentine
Fueillãtine Religieuse
Tourmentine
Sentine
Botine
Courtine rideau
Courtine de fortification
Pristine vieux
Routine

Quines de trictrac, il ne se dit qu'au pluriel
Rauine
mouche-Bouine
Foïne
Gezine couche
poix-Resine
Cuisine
Melusine
la Lesine
Ruine
Bruine ces deux sont longs
Alüine herbe

Plus les fem. des noms en *in*, *badin*, *badine*.

Plus diuers temps & pers. des verbes en *iner*, *destine*.

AINE & EINE bref voy ENE

OINE

Idoine vieux
Sardoine pierre precieuse
Macedoine païs
persil Macedoine
Moine

Moine à chauffer le lit
Antimoine
Aigremoine
Patrimoine
Chanoine
Betoine herbe
feu saint Antoine
Auoine

AMNE

Damne
Condamne voy asne

IMNE

Hymne

OMNE

Colomne
Automne
voy Onne car il se prononce de mesme

ENNE voy ANE

ENNE bref ENE voy

ONNE & ONE bref

Bonne
Sorbonne
Dordonne
Gorgone
Chifonne
Boufonne
Lionne
Nonne Religieuse
Nonne heures canoniales, il ne se dit qu'au pl.
Mignonne
Vignonne dance
Couronne
Couronne fig. Royaume
Couronne fig. victoire
Bellonne Deesse
Colonne pour colõne
Baronne
Vigneronne
Patronne protectrice
Patronne Maistresse
Poltrone
Consone
Personne
Personne aduerbe
Tonne
Pietonne
Autonne pour Autõne

Plus diuers temps & pers. des verbes en *onner*, *donne*.

ONE long, voy OSNE

ARNE

Carne
Lucarne
Marne à marner les terres
Marne riuiere
verbes
Acharne
Incarne

ERNE

Berne à berner
Cerne rond
Cerne de magie
Moderne
Quaderne terme de trictrac au pluriel
Lerne
Galerne vent
Terne sombre
Terne du jeu de trictrac, il ne se dit qu'au pluriel
Poterne
Subalterne
Lanterne
Interne
Cisterne
Externe
Cauerne
Lauerne Deesse
l'Auerne Enfer
Tauerne
Baliuerne

Plus diuers temps & pers. des verbes en *erner*, *gouuerne*.

ORNE

Borne
Corne
Capricorne
Licorne
Viorne arbrisseau
Morne
lance Morne &c.

Plus diuers temps & pers. des verbes en *orner*, il *borne*.

VRNE

Vrne
Nocturne
Taciturne
Saturne

Saturne planette
Saturne plomb en Chimie

OVRNE

Voy diuers temps & perſ. des verbes en *ourner, tourne.*

ASNE voy A'NE, long

ESNE & AINE longs

Cadéne
Feſne fruit de heſtre
Geſne
Cheſne
Aleſne
Reſne d'vn cheual au pluriel
Reſne fig. de l'Empire, au pluriel
Reine
Syreine
Arene
Arene Amphitheatre
Hyprocrene
Haine
l'Aiſne
Gaine
Chaiſne
Chaiſne galere
Paiſne de ſerrure

Boriſténe

Plus diuers temps & perſ. des verbes en *ainer*, & *eſner*; *geſne*, *traine.*

OESNE

Ciroëſne emplaſtre
Troëſne arbre

ISNE

Diſne

OSNE ÓNE & AVNE

Dodóne
Tiſiphóne
Pantagône
Exagóne &c. terme de fortification
Pomóne
Tróne
Détróne
Matróne
Latóne
Zóne
Aumoſne
Anemoſne
Proſne
Proſne verbe

Rosne fleuue
Aune arbre
Aune mesure
Aune verbe
Iaune
Faune Dieu champestre

VNE

Tribune
Pecune
Rancune
Lacune
Dune de mer
Hune de nauire
Lune
pleine Lune
pleine Lune gros visage
demi-Lune fortification
la Commune
sur la Brune
Prune
Fortune Deesse
Fortune richesse
Fortune Grandeur
Fortune mal-heur
Fortune de mer, tourmente
Infortune
Petune verbe
Importune verbe

Plus les fem. des noms en *vn, chacun, chacune.*

AVNE Voy OSNE

PE

APE

Cápe à l'Espagnol
Chápe ces deux mots sont longs
Priape
Esculape
Nappe
Nappe filet, terme de chasse
Nappe peauter. de chasse
Pape
Grape
Trape
Atrape
chausse-Trape
Satrape
vne Tape
Estape
Estape de gēs de guerre

Sape aller à la sape

Plus diuers temps & perſ. des verbes en *aper*, *frape*.

IPE

Lipe
Nipe
Principe
Participe
Pipe de vin
Pipe de tabac
Tripe
Tripe de Latin, &c.

Plus diuers temps & perſ. des verbes en *iper*, *diſſipe*.

OVLPE

Coulpe
Poulpe poiſſon

AMPE & EMPE

Hampe
Lampe
Crampe
Trempe d'epée
Trempe fig.
Deſtrempe terme de peinture

Plus diuers temps & perſ. des verbes en *amper*, & *emper*, *rampe*, *trempe*.

IMPE

Olimpe ciel
Olimpe montagne
Guimpe barbette de Religieuſe
Grimpe verbe

OMPE

Pompe magnificence
Pompe à tirer l'eau

verbes

Pompe
Rompe
Interrompe
Corrompe
Trompe
Détrompe
Trompe à appeller les chiens
Trompe de Laquais
Trompe d'Elephant

OPE

Syncope paſmoiſon
Syncope figure de Grãmaire

Horoſcope
Caliope muſe
Salope
Penelope
Varlope outil de Me-nuiſier
Enuelope couuerture
Enuelope perſonne infir-me
Heliotrope fleur, pier-re precieuſe
Europe
Europe de la fable
verbes
Chope
Enuelope
Deſuelope
Galope

ARPE

Carpe
Eſcarpe
Contreſcarpe
Harpe
Eſcharpe de Caualier
Eſcharpe de femme
en Eſcharpe
verbes
Eſcarpe
Harpe

ERPE

Serpe
Euterpe muſe

IRPE

Extirpe verbe

VRPE

Vſurpe

ASPE dont l'S ne ſe prononce point, voy A'PE

ASPE dont l'S ſe prononce

Iaſpe
Hydaſpe fleuue

ESPE

Gueſpe
Creſpe
Creſpe creſpu

VPE

Dupe
Hupe oiſeau

Iupe
verbes
Dupe
Occupe
Preoccupe

AVPE

Gaupe
Taupe
Taupe terme de jeu, & de desbauche

OVPE

Coupe
Soucoupe
bois en Coupe
Houpe
Loupe
Poupe
Soupe potage
Croupe de cheual
Croupe de montagne
Troupe
Troupe au pluriel, il se prend pour armée
Estoupe
Chaloupe

Plus diuers temps & perſ. des verbes en *ouper*, *oupe*.

RE

ARE & ARRE

la plus-part des ces mots sont tantost longs, & tantost brefs : mais plutost longs que brefs.

Barbare ſub.
Barbare ad.
Barbare fig. cruel
Icare
Gare
Phare
Fanfare
Foare paille
Thiare
Rare
Auare
Arrhe
Barre jeu, ces deux mots ne ſe diſent qu'au pl.
Barre
ietter la Barre
Carre tenir ſa carre
B-carre ter. de Muſique
Marre
Simarre

Cochemare
Tintamarre
Rare
Guitarre
Bagârre
Bagarre
Tartare

Plus diu. temps & perſ. des verbes en *arer*, *declare*.

Plus diuers temps & perſ. des verbes en *arer*, *chamarre*.

ABRE

Sinabre vermeil
Sabre eſpée
verbes
Cabre
Delabre
Abre
Mabre pour arbre & marbre

EBRE

Ebre fleuue
Algebre
Celebre
Celebre verbe
Funebre
Oraiſon Funebre

Tenebre il ne ſe dit qu'au pluriel
Vertebre

IBRE

Fibre
Libre
Calibre
Calibre qualité
Tibre fleuue

AMBRE & EMBRE

Ambre
Septembre
Nouembre
Decembre
Gingembre
Chambre
Chambre terme d'armurier
pot de Chambre
femme de Chambre, &c.
Membre
verbes
Ambre
Cambre
Demembre
Remembre

IMBRE

Timbre d'vne cloche
Timbre de casque
Timbre ceruelle
Timbre verbe

OMBRE

Decombre
Encombre
Concombre
Nombre
Nombre d'vne periode
Sombre

verbes

Ombre
Nombre
Dénombre

OBRE

Opprobre
Sobre
Octobre

ARBRE

Arbre
Marbre

VBRE

Lugubre
Salubre

ACRE

Diacre
Archidiacre
Soudiacre
Simulacre
Nacre de perle
Sacre oiseau
Sacre du Roy
Massacre
Poacre villain

verbes

Sacre
Massacre
Consacre
Acre il est long

VLCRE

Sepulcre

ANCRE

Anchre de nauire
Ancre à escrire

Cancre de mer
Cancre du Zodiac
vn pauure Cancre
Chancre

verbes

Ancre
Desancre
Eschancre

AINCRE

Vaincre
Conuaincre

OCRE

Ocre peinture
Mediocre

VCRE

Lucre
Sucre
en pain de Sucre
Sucre verbe

ADRE

Ladre
vn Quadre
Esquadre
Quadre de quadrer

DRE

EDRE

Cedre
aigre de Cedre

IDRE

Cidre
Clepsidre
Hydre

ANDRE & ENDRE

Cendre
Gendre
Coriandre
Malandre qui vient aux jambes des cheuaux
Chalandre insecte
Salamandre
Esclandre
Tendre

verbes

Descendre
Condescendre
Fendre
Pourfendre
Pendre
Appendre
Dependre

Dependre pour depenser
Suspendre
Espandre
Rendre
Prendre
Prendre pour manger
Apprendre
Desaprendre
Reprendre tancer
Entreprendre
Méprendre
Comprendre
Suspendre
Tendre vne tente, &c.
Tendre presenter, tendre vn baston
Attendre
Prendre
Estendre
Entendre
vn faux donné à Entendre
sous-Entendre
Vendre
Suruendre

AINDRE & EINDRE

Ceindre
Enceindre
Desceindre
Feindre
Geindre
Plaindre
Complaindre
Peindre
Depeindre
Enfraindre
Espraindre
Estraindre
Contraindre
Déteindre
Esteindre
Esteindre
Esteindre fig. de la vie
Craindre
Atteindre
Cylindre nom

OINDRE

Oindre
Ioindre
Adioindre
Desioindre
Conioindre
Enioindre

Poindre piquer

Poindre commencer à paroistre

Espoindre

Moindre nom

ONDRE

Hypocondre

Fondre

Fondre sur le gibier &c.

Fondre perir

Confondre

Morfondre

Esfondre

Enfondre

Semondre

Pondre

Respondre

Correspondre

Tondre

ARDRE

Ardre

Espardre vieux mot

ERDRE

Perdre

ORDRE

Ordre rang, disposition

Ordre de bataille

Ordre le mot

Ordre ce qui est ordonné, suiuez vos *ordres*.

Ordre de Religieux, de Cheualiers

Ordre cordon Bleu

Ordre Sacrement

Desordre

verbes

Mordre

Démordre

Tordre

Détordre

Retordre

EVRDRE voy EVRTRE

OVRDRE

Sourdre

OVDRE

Oudre de bouc

Foudre

Foudre tonneau d'Alemagne

Poudre
Poudre à canon, aux cheueux, &c.
verbes
Coudre
Decoudre
En decoudre
Moudre
E'moudre
Poudre
Saupoudre
Soudre
Soudre vn Argument
Absoudre
Dissoudre
Resoudre terme de Chymie, reduire
Resoudre decider, conclurre

ERE

Haubere cheual haubere
Cerbere
Vlcere
Sincere
Sphere
Pestifere
Mortifere

pension Viagere
Harangere
Fougere
Megere
Here de Religieux
Here ieu
vn pauure Here
Chere bonne chere, &c.
Enchere
folle Enchere
Colere sub.
Colere ad.
Mere
Mere Dignité de Religieuse
belle-Mere
grand-Mere
mal de Mere
dure-Mere terme de Chirurgie
Comere
Homere
Pere
Pere Dignité de Religieux
Beaupere
Grand-pere
Compere

Vipere
Vitupere
Frere
beau Frere
Confrere
Caractere d'imprimerie
Caractere de magie
Caractere c'est son caractere
Cithere Isle
aux Alteres il ne se dit qu'au pluriel
Adultere sub.
Adultere ad.
Panthere
Mesenthere
Artere
Monastere
Clistere
Mystere
Baptistere
Austere
Cautere
Guere adu.
N'aguere adu.
Seuere
Primeuere

Plus les fem. des noms en *er*, *amere*, *Messagere*.

Plus diuers temps & perf. des verbes en *erer*, *delibere*.

IERE

Biere cercueil
Biere bruuage

Glaciere
Souriciere
Gibeciere
rente Fonciere
Poussiere

arme Iournaliere au pluriel
beauté Iournaliere
Saliere
Saliere de la gorge
dent Mascheliere
Cordeliere à mettre au col
Cousteliere estuy à cousteaux
Museliere
feste Mobiliere
Voliere

Lumiere

Lumiere d'esprit
Lumiere d'vn canon
mettre en Lumiere
gentil-Homiere
Coustumiere
indulgence Pleniere au pluriel
Banniere
Aurore Matiniere
Taniere
Pepiniere
Poussiniere
Poussiniere constellation
Fauconniere
Canonniere
Heronniere
Chaperonniere
Cantonniere de lit
Mentonniere
Orniere
Rapiere espée
Tripiere
Paupiere
Croupiere
tailler des Croupieres
Arriere
Barriere
Carriere
se donner Carriere

Carriere à pierre
Derriere
Derriere le cul
Doüairiere
Chambriere
Fondriere
Priere
Meurtriere terme de fortification
Plastriere où l'on fait le plastre
Tourriere de Conuent

Matiere
Matiere pus
Ratiere
Cimetiere
Pannetiere
Iarretiere
Iarretiere Ordre d'Angleterre
Laitiere
Litiere
Litiere paille
faire Litiere prodiguer
Frontiere
Festiere d'vn bastiment
Testiere
Testiere d'Efant

Portiere de carrosse

Portiere matrice, parlant des animaux

Portiere femme qui a eu beaucoup d'enfans

Aiguiere

Ciuiere

Cheneuiere

Riuiere

Estriuiere

donner les Estriuieres

Greuiere

Bruyere

Viziere

rompre en Visiere

verbes

Aquiere

Requiere

Enquiere

Conquiere

Plus les fem. des noms en *ier*, *Escolier*, *escoliere*.

ILLERE

Clinquaillere ou Quinquaillere

Fourmillere

Fourmillere figurement multitude

dent Oeillere

Serpillere

Marguillere

Bandouillere

Rabouillere de lapins

AFRE

Safre

Balafre

Balafre verbe

Affre ce mot est long, & ne se dit guere qu'au pl.

IFRE

Fifre

Fifre joueur de fifre

Chifre

Chifre escriture secrette

Chifre entrelacement de lettres

Pifre

verbes

Chifre

Dechifre

s'Empifre

ANFRE

Canfre

OFRE

Ofre
Cofre

verbes

Offre
Surofre
Cofre
Decofre
Encofre

AVFRE

Baufre
Gaufre frise
Gaufre nom

OVFRE

Goufre
Soufre

verbes

Engoufre
Soufre
Ensoufre
Soufre de soufrir

AGRE

Chyragre
Podagre
Meleagre
Meleagre fleur

IGRE

Tigre
Tigre fig. cruel
Tigre fleuue
Denigre verbe

AIGRE

Aigre
Maigre
Maigre poisson
iour Maigre iour de poisson
Alaigre
Vinaigre

ONGRE

Hongre
Congre poisson

IRE

Ire colere
Cire
aller tout de Cire &c.
chauffe-Cire
Poncire gros citron
Sire du Roy

Sire d'vn artisan
Sire qui a perdu l'escot
Messire
Dire
Desdire
Contredire
Mesdire
Interdire suspendre
Interdire rendre muet
Maudire
Predire
Zephire
Suffire
Confire
Desconfire vne armée
Porfire

Lyre instrument de Musique
Lire
Eslire
Colire
Mirrhe
Mire visée
Myre Chirurgien, vieux mot
Pire
Empire
l'Empire

Rire
Sousrire
Escrire
Descrire
Souscrire
Inscrire
Prescrire
Proscrire
Transcrire
Frire
auoir dequoy Frire
tout d'vne Tire
Satyre demi-Dieu
Satyre Poësie
Martire
Nauire
Plus diuers temps & pers. des verbes en *irer*, *admire*.

AIRE

Aire d'vne grange.
Aire nid d'oiseau de proye
aller sur les aires au pl.
Vicaire
Apoticaire

Dromadere
Lapidaire
Affaire

Vul-

Vulgaire
*Haire pour here
Chaire
Chaire de Predicateur
Incendiaire
Stipendiaire
Mobiliaire
Plenipotentiaire
Breuiaire
Salaire
Circulaire
Formulaire
Angulaire
Triangulaire
Quadrangulaire
Scapulaire
Capilaire herbe
Claire
Glaire
Glaire espece de flegme
Corolaire
Exemplaire sub.
Exemplaire ad.
Vocabulaire
Seculaire ieux seculaires
Perpendiculaire
Caniculaire

Oculaire
Insulaire
Tutelaire
Dieux Tutelaires
Titulaire
Formulaire
Maire
Sommaire
Grammaire
Mercenaire
Binaire
Ternaire, &c.
Ordinaire
Ordinaire de table
Ordinaire Courier
Ordinaire Office chez le Roy
Ordinaire Gazete
Extraordinaire gazete
Extraordinaire
Seminaire
Liminaire
Sanguinaire
Religionaire
Luminaire
Sublunaire
Debonnaire
Pensionnaire qui est

en pension
Pensionnaire qui prend pension
Cessionnaire
Repaire
Temeraire
Supernumeraire
Libraire
Contraire
Faussaire
Emissaire
Commissaire
Auersaire
Necessaire
Anniuersaire
Ianissaire
Corsaire
Locataire
Dataire
Feudataire
Refractaire
Secretaire
Notaire
Militaire
Depositaire
lay Testamentaire
Elementaire
Commentaire
Inuentaire
Volontaire ad.
Volontaire d'armée
Volontaire cheual qui suit les autres
Legataire
Sagittaire du Zodiac
Solitaire
Hereditaire
Proprietaire
Tributaire
Salutaire
Mousquetaire

Suaire
Douaire
Mortuaire
Statuaire
Sanctuaire

verbes

Faire
Defaire
Contrefaire
Malfaire
Méfaire
Surfaire
Satisfaire

une façon de Faire
Plaire
Déplaire
Complaire
Repaire nom
Raire
Itineraire nom
Braire
Traire
Retraire
Rentraire
Soustraire
Distraire
Pourtraire
Extraire
Taire

La plus-part de ces mots se pourront rimer auec ceux en *ere*, car on prononce l'ay fort doucement.

OIRE

Boire
Déboire nom
Déboire verbe
Ciboire
Lardoire
Mangeoire
Nageoire de poisson
Nageoire pour aprendre à nager
Accessoire
Gloire
Doloire
Moire
Memoire
Memoire instruction
Tremoire de moulin
Grimoire
Armoire
Maschoire
Baignoire
Bassinoire
Noire
pierre-Noire espece de crayon
la mer-Noire
Atrapoire
Croire verbe
Accroire verbe
Glissoire
Ratissoire
Depilatoire
Blasphematoire
Diffamatoire
Interrogatoire

Eschapatoire
Oratoire sub.
Oratoire ad.
pere de l'Oratoire
Purgatoire
Victoire
Pretoire
Monitoire
Territoire
Auditoire assistance
Auditoire de Iuge
Escritoire
Supositoire
Transitoire
Promontoire
Peremptoire terme de Palais
Notoire
Refectoire
Histoire
Consistoire
Decrotoire
Interlocutoire terme de Palais
Voire
Yuoire
Foire
Foire marché
Poire fruit
Poire à mettre la poudre à canon
perle en Poire
Poire d'angoisse, espece de cadenats

VIRE dont l'*V* est voyelle

Cuire
Decuire
Duire
Reduire
Reduire
Reduire subiuguer
Seduire
Enduire
Induire
Traduire
Introduire
Produire terme de Palais
Produire
Conduire
Esconduire
Luire
Treluire
Nuire
Bruire

Destruire
'Instruire enseigner
Instruire vn procés
Construire terme de Grammaire

ENRE

Genre

ORE & AVRE

Ore on l'escrit auec vne S.
Hellebore
Encore
Pecore
Landore
Mandore
Pandore
Metaphore
Bosphore
Mandragore
Flore
More peuple
More noir
Rémore poisson
Sycomore
Pore il ne se dit qu'au pl.
Aurore
Store natte qu'on met aux fenestres pour empescher le Soleil
Restaure
Centaure
Minotaure
Aglaure

Plus diuers temps & pers des verbes en *orer*, *adore*.

APRE & ASPRE

Aspre au goust
Aspre ardent
Capre fruit

DIAPRE verb, il est vn peu plus bref que les autres.

EPRE

Lepre

IPRE

Chypre
poudre de Chypre
corps de Chypre
Ypre ville

AMPRE

Pampre

OMPRE

Rompre
Desrompre
Interrompre
Corrompre
Corrompre vn Iuge &c.

OPRE

Propre
Propre ter. de Philosophie
Propre vtilité
l'amour Propre
Propre ter. de Iurisprudence
Impropre

OVPRE

Pourpre poisson
Pourpre couleur
Pourpre maladie
Pourpre grandeur ou marque de grandeur
Empourpre verbe

ASPRE voy APRE

ESPRE

Vespre le soir
Vespre priere, il ne se dit qu'au pl.

ARRE voy ARE

ERRE

Erre donner des erres au pluriel
aller grand Erre
aller sur les Erres au pluriel
Lierre
Pierre
perce-Pierre herbe
la Pierre maladie
Esquierre
Guerre
faire la Guerre fig. railler
Tonnerre
Serre d'oiseau
Serre d'oranger, &c.
auoir bonne Serre
tenir Enserre terme d'armeurier
Terre possession, heritage

tremblement de
Terre
Parterre de iardin, de natte, &c.
Parterre cheute
Cimeterre
Guiterre
du Verre
vn Verre

Plus diuers temps & perſ. des verbes en *errer*, *ſerre*.

ORRE

Clorre
Enclorre
Eſclorre
Forclorre
Abhorre celuy cy me paroiſt plus bref

EVRRE

Beurre
Beurre verbe
Leurre d'oiſeau
oiſeau de Leurre
Leurre verbe

OVRRE

Bourre
Mourre jeu

verbes

Bourre vne harquebuſe
Embourre
Desbourre
Bourre ter. d'eſcrime
Courre
Parcourre
Accourre
Recourre
Encourre
Diſcourre
Secourre
Fourre de fourrer

ATRE bref

Batre
Rabatre diminuer de pris
Rabatre vne couſture
Rabatre la fumée
Debatre
Combatre
Esbatre
Quatre
faire le diable à Quatre

ATRE long & ASTRE dont l'S ne se prononce point

A'tre foyer
Cocastre
Theatre
Amphitheátre
Idolátre
Parastre
Marátre
Albátre
Albátre fig. blanc
Douceastre

Opiniastre
Iaunastre
Rougeastre
Bluastre
Verdastre
Blanchastre
Noirastre
Grisastre
Folastre
Plastre
Plastre fig. fard
Gentillastre
Emplastre
Emplastre fig. personne infirme
Pastre
Accariastre

Plus diu. temps des verbes en *astrer*, *folastre*.

ETRE & ETTRE

Pietre
Metre vers
Pentamettre
Exametre
Diametre
Penetre
Impetre
Perpetre

Lettre
Lettre missiue
homme de Lettres au pluriel
au pié de la Lettre
les Lettres au pluriel sciences

Mettre
Demettre
Permettre
Entremettre
Obmettre
Admettre

Promettre
Commettre donner commiſſion
Commettre vn crime
Soumettre

ITRE & ISTRE
dont l'*s* ne ſe prononce pas

Arbitre Iuge
Franc-arbitre
Mitre
Nitre
Titre
Vitre
Chapitre ſection
Chapitre aſſemblée Ecclesiaſtique
donner le Chapitre eſtre chaſtié
Citre bruuage
Regiſtre
Beliſtre
Pupiſtre
Huiſtre
Liſtre d'Egliſe
Epiſtre

verbes

Mitre
Vitre
Chapitre
Enregiſtre
Atitre

ILTRE

Philtre

ANTRE & ENTRE

Antre cauerne
Chantre
ſou-Chantre
ſous-Chantre gard le ſou-chantre
Entre particule
Entre verbe
Centre
Diantre pour Diable
Ventre
flux de Ventre

INTRE

Cintre voute
Ceintre verbe
Peintre

ONTRE & ONSTRE

dont l'*s*, ne ſe prononce pas

Contre
Alencontre
icy-Contre
Rencontre
Rencontre d'eſprit
Malencontre
Montre d'horloge
vne Montre
Montre de Marchand
Montre de gens de guerre

verbes

Rencontre
Montre
Demonſtre
Remonſtre

EPTRE

Sceptre

ARTRE

Dartre
Chartre priſon
Chartre papiers
eſtre en Chartre
Martre
Mont-martre
creme de Tartre

ERTRE

Tertre

EVRTRE

Meurtre

ASTRE dont l'*S* ne ſe prononce point, voy A'TRE long

ASTRE dont l'*S* ſe prononce

Aſtre
Deſaſtre
Piaſtre patagon

ESTRE dont l'*S* ne ſe prononce.

AISTRE

Eſtre terme de Philoſophie
donner l'Eſtre
Anceſtre au pluriel
Feneſtre
Salpeſtre
Champeſtre
Reiſtre Caualier Alemand
Heſtre arbre

Preſtre
vn pauure Preſtre
Peut-eſtre
Cheueſtre
Gueſtre
Traiſtre
Maiſtre
grand-Maiſtre de l'Artillerie, de la maiſon du Roy, &c.
contre-Maiſtre terme de nauire

verbes

Eſtre
Depeſtre
Empeſtre
Encheueſtre
Naiſtre
Paiſtre
enuoyer Paiſtre

ESTRE dont l'S ſe prononce

Pedeſtre
Paleſtre
Semeſtre
quartier-Maiſtre
Seneſtre
Seqneſtre
Sequeſtre verbe
Terreſtre

ISTRE dont l'S ne ſe prononce point, voy ITRE

ISTRE dont l'S ſe prononce

Caiſtre fleuue
Miniſtre
Miniſtre d'Eſtat
Adminiſtre verbe
Siniſtre
Siſtre inſtrument de Muſique
Cuiſtre

AISTRE voy ESTRE dont l'S ne ſe prononce pas

OISTRE

Connoiſtre
Meconnoiſtre
Paroiſtre
Diparoiſtre
Comparoiſtre
Tranſparoiſtre
Apparoiſtre
Croiſtre
Décroiſtre
Accroiſtre

Cloiſtre nom

Comme on prononce à preſent ces verbes, on les peut rimer auec ceux en *eſtre* & *aiſtre*.

ONSTRE dont l'S ne ſe prononce pas, voy ONTRE

ONSTRE dont l'S ſe prononce

Monſtre

OSTRE & AVTRE

Noſtre
Voſtre
Paſtenoſtre priere
Patenoſtre grain de chapelet
Apoſtre
vn bon Apoſtre
Aut' e
Eſpeautre eſpece de bled
Veautre
aux Peauſtres au Diable

VSTRE

vn Luſtre cinq ans
Luſtre d'eſtofe
Illuſtre
Baluſtre
Ruſtre

verbes

Luſtre
Illuſtre
Fruſtre

ETTRE voy ETRE

AVTRE voy OSTRE

EVTRE

Maheutre
Feutre
Feutre verbe
Calfeutre verbe
Neutre terme de Grãmaire
Neutre qui a pris la neutralité

OVTRE

Outre au delà
Outre dauantage
tout Outre verbe
Coutre de charuë
Accoutre verbe

Poutre
Poutre ieune cauale
Loutre

Animal, ce mot me paroist plus bref que les autres

EXTRE

Dextre
Adextre
Ambidextre

VRE bref

Bure
Cure soin
Cure benefice
Cure guerison
Mercure
Mercure vif-argent
sur la Dure
Procedure
Froidure
Morfondure
Verdure
Ordure
Augure
Figure
Figure de Rethorique
Figure terme de Theologie

Hure
Iniure
Pariure sub.
Pariure ad.
Murmure
Fressure
Censure
Tonsure
Tonsure Benefice à simple tonsure
Morsure
Meurtrissure

Courbature
Iudicature
Clericature
Lineature
Creature
Creature celuy qui doit sa fortune à vn autre
Ligature terme de Chirurgie
Ligature estofe
Abreuiature
Maculature
Prelature
la Nature
Nature en general toutes les choses de la nature
Nature naturel

Nature partie naturelle
Temperature
Rature
Manufacture
Coniecture
Lecture
Coniecture
Structure.
Stature
Dictature
Signature
Tablature
Temperature
Fermeture
Confiture
Desconfiture
Geniture
Primogeniture
Garniture
Garniture de rubã, &c.
Fourniture
Escriture
Escriture terme de Palais, au pluriel
Escriture se dit de la Bible
Roture
Nouriture

Pourriture
Forfaicture
Portraiture
Droicture
Friture graisse dont on frit
Friture ce qu'on a frit
Voiture

Culture
Agriculture
Sepulture
Sculpture

Auanture
Parauanture
mal d'Auanture
bonne Auanture
Malauanture
d'Auanture

Ceinture
Peinture
Teinture
Fracture
Capture.
Pasture
Ouuerture
Couuerture

Couuerture pretexte
Torture
Posture
Imposture
Closture
Cousture
Cousture d'vne cicatrice
Monture
Mouture
Suture
Luxure
Masure
Vsure
Presure
Mesure

Plus les fem. des noms en *vr*, *dur*, *dure*.

Plus diuers temps & pers. des verbes en *vrer*, *mure*.

Les mots qui suiuent sont tantost longs, & tantost brefs, mais plutost brefs que longs.

VRE long, & EVRE

Courbeure
Effaceure
Rinçeure
Enfonçeure
Fronceure
Casseure
Blesseure
Chausseure
Blanchisseure
Tissure
Moizisseure
Noircisseure
Polisseure
Flestrisseure

Brodure
Morfondure
Bordure
Soudure
Coiffure
Gageure
Escorchure
Embouchure

Scieure
Relieure d'vn liure
Balieure
Chapeleure
Raclure

verbes

Conclure
Exclure
Assure

Salure
Engeleure
Careleure
Cheueleure
Cribleure
Enfleure
Coleure d'vne ſphere
Encoleure
Encoleure fig. la mine
Couleure des vignes
Bruſleure
Souilleure
Doubleure
Fouleure
Mouleure
Vermouleure
Entameure
Armeure
Charmure
Egratigneure
Encogneure
Doreure
Coupeure
Découpure
Parrure
Quarrure
Bigarure
Echancrure

Ferrure
Serrure
Fourrure
Moucheture
Dechiqueture
Emboiture
Monture
Bouture

Graueure
Enclaueure
Piqueure
Encloüeure d'vn cheual
Encloueure difficulté
Embraſure d'vn canon
Baiſure d'vn pain
Briſure
Aſſeure verbe
Seure fem. de ſeur
Seure aſſeure
Sure aigrette
Meure fruit
Meure ad.

AVRE voy ORE

AVRE par *v* conſone

Cadaure corps mort
Haure

Haure
Naure

EVRE qui ſe prononce comme *vre* voy *vre* l.

EVRE par v conſone

Chevre
Bievre animal,
Fievre
Lièvre
Mievre
Levre
Sevre verbe
Orfevre
Genievre arbriſſeau

EVRE Diphtongue

Heure
Heure liure de priere, il ne ſe dit qu'au pl.
à la bonne Heure
à la mal-Heure
pour l'Heure pour lors
Superieure
Superieure d'vn Conuent
Inferieure
Exterieure
Interieure
Poſterieure
Meilleure
Demeure

verbes

Pleure
Defleure
Meure de mourir
Demeure arreſte
Demeure

IVRE

Yure
Liure poids
Liure vingt ſols
Liure à lire
Viure
Cuiure

verbes

Liure
Deliure delliure de la marchandiſe
Deliure vn priſonnier
Suiure
Enſuiure
Pourſuiure
Viure
Suruiure
Yure

Desyure
Enyure
Desenyure

OIVRE

Poiure nom
Poiure verbe
Poiure terme de raillerie

ANVRE & ENVRE

Chanvre
heure de Venvure

OVRE & OVRRE

Coure
Accoure
Secoure
Encoure
Parcoure
Discoure

Plus diu. temps & perf. des verbes en *ourer*, *laboure*

AVVRE

Pauure sub.
Pauure ad.
Pauure terme de caresses, mon pauure amy

OEVVRE

Oeuure ouurage
Oeuure verbe
Manœuure
Chef-d'œuure
Couleuvre

OVVRE

Ouure
Entr'ouure
Couure
Descouure
Recouure de recouurer
Louure maison du Roy

ASSE

ASSE long & bref, voy *ACE*, long & bref.

ESSE & ECE

Esse d'vn essieu
Rudesse
Fesse
Hardiesse
Liesse
Niece

Largeſſe
Sageſſe
Richeſſe
Nobleſſe
Foibleſſe
Vieilleſſe
Gentilleſſe
Simpleſſe
Soupleſſe
Diableſſe

Meſſe
Permeſſe
Promeſſe obligation
Promeſſe
Yurongneſſe
Borgneſſe
Fineſſe
Chanoineſſe
Larronneſſe
Ieuneſſe
Aiſneſſe
Aſneſſe
Aſneſſe fig. ignorante
Careſſe
Pareſſe
Adreſſe
Ladreſſe

Chaſſereſſe
Demandereſſe terme de Palais
Deffendereſſe
Pechereſſe
Enchantereſſe
Grece païs
Alaigreſſe
Tigreſſe
Tigreſſe fig. cruelle
Sécherеſſe
Preſſe foule
Preſſe la preſſe
Preſſe fig. impreſſion, vn liure ſous la preſſe
Treſſe
Deſtreſſe
Maiſtreſſe
Maiſtreſſe terme d'amour
Preſtreſſe
Yureſſe
Pauureſſe
Groſſeſſe
Delicateſſe
Petiteſſe
Viſteſſe
Triſteſſe

Hauteſſe du grand Seigneur
Hosteſſe
Comteſſe
Alteſſe

Proüeſſe
Veſſe
Veſſe iniure
Veſſe graine

Quelques-vns font ceux-cy longs, auſſi bien que pluſieurs, que i'ay meſlé auec les autres

Princeſſe
Ducheſſe

Plus diuers temps & perſ. des verbes en *eſſer*, & *ecer*, *careſſe*.

Ceux qui ſuiuent, ſont plus longs que les precedens

Confeſſe verbe
aller à Confeſſe
Profeſſe
Preſſe
Preſſe d'Imprimerie
Preſſe verbe
Preſſe fruit

Empreſſe
Tranſgreſſe
Ceſſe
Abeſſe

Plus *aiſſe* par *ai*, car ils ſonnent de meſme à l'oreille

ISSE voy ICE

AISSE

Laiſſe corde
Laiſſe de leuriers
vn tire-Laiſſe
Quaiſſe tambour
Quaiſſe de marchandiſe
raiſins de Quaiſſe
Graiſſe
Naiſſe verbe
Paiſſe verbe
Eſt-ce
Queſt-ce ces mots riment à l'oreille auec les precedens

Plus diuers temps & perſ. des verbes en *aiſſer*, *abaiſſe*.

OISSE

Angoiſſe

poire d'Angoiſſe
gesne
poire d'Angoiſſe fig. facherie
Paroiſſe
coq de Paroiſſe
verbes
Angoiſſe
Poiſſe
Froiſſe

Plus diuers temps & perſ. des verbes en *oiſtre, connoiſſe.*

VISSE voy vice

NSE voy NSE

OSSE bref & OCE

Boſſe
ouurage en Boſſe
Coſſe de pois, &c.
Eſcoſſe
Eſcoſſe païs
fruit Precoce
Endoſſe
Coloſſe
Coloſſe fig. grand demeſurement.
Roſſe
Carroſſe
Broſſe
Negoce
Croce d'Eueſque
Croce à crocer
Noce pour nopce
Atroce
verbes
Eſcoce
Broſſe
Broſſe terme de chaſſe
Croce

OSSE long, AVCE & AVSSE

Foſſe
Groſſe
femme Groſſe
Groſſe de Contract
verbes
Adoſſe
Endoſſe
Deſendoſſe
Engroſſe
Sauce
Fauce
Fauce monnoye
Fauce fig. mauuaiſe
Chauſſe ne ſe dit qu'au pluriel

bas de Chausse
Hausse de soulier

Plus diuers temps & pers. des verbes en *aucer*, *exauce*.

IPSE

Eclypse nom
Eclypse
Apocalypse

RSE voy RCE

VSSE & EVSSE voy VCE

AVSSE voy OSSE don' l'O, est long

OVSSE & OVCE

Housse de cheual, &c.
lit à Housse
Lousse instrument à percer
Mousse
Mousse qui n'a point de pointe
Secousse
Recousse
Gousse de pois
Gousse d'ail
Rousse
Carrousse terme de desbauche
Trousse stratagesme
Trousse carquois
Trousse croupe
auoir à ses Trousses au pluriel
Douce
Pouce ce dernier est long

Plus diuers temps & pers. des verbes en *ousser*, & *oucer*, tremousse

TE

ATE

verbes

Batre
Abatte
Rabatte diminuë
Rabatte vne cousture
Rabatte que le vent rabate
Debatte
Combatte
Esbatte
Hecate
Datte fruit

Datte de lettre, &c.
Antidate
Contredate
Agathe pierre precieuſe
Fregate
Iatte
Cu-de-iatte
Latte
Eſcarlate
Plate
rime Plate
Natte
Dieu Penate il ne ſe dit qu'au pluriel
Pate
Pate fig. main
Rate
Barate à battre le beurre
Oxicrate
Euphrate
Pirate
*S*auate
Crauate peuple
Crauate colet de femme

Plus diuers temps & perſ. des verbes en *ater*, *dilate*.

Plus les fem. des noms en *at*, *delicate*.

ACTE

Acte action
Acte témoignage, prendre acte
Acte de comedie
Epacte terme d'Aſtrologie
Cataracte
Exacte

verbes

Detracte
Contracte
Retracte

ECTE

Pandecte
Affecte
Infecte fem. d'infect
Abiecte fem. d'abiect
Dialecte
Collecte
Directe
Indirecte
Correcte
Secte
Inſecte
Architecte

Plus diuers temps & perſ. des verbes en *ecter*, *reſpecte*.

ICTE

Dicte

OCTE

Docte

ETE & ETTE

Gambette donner la gãbette

Iambette petit couſteau

Barbette colerette de Religieuſe

Herbette

Courbette

Cette

Gracette

à Facette terme de lapidaire

Tacette d'armes

Recette de Reçeueur

Recette de medecine

Lancette

Pincette

Boſſette d'vne bride de cheual

Garcette

Garcette de cheueux

Bourcette

Doucette

Eſpoucette

Debte

Vedette

Prophete

Sagette

à la Rangette

Logette

Vergette

Bougette

Cachette

en Cachette

Planchette petite plãche

Blanchette chemiſe de Religieux

Manchette

Pochette

Brochette de bois

Fourchette

Buſchette

Couchette

Mouchette ne ſe dit qu'au pluriel

Brebiette

Diette abstinence
Diette Estats d'Alemagne
Miette
Assiette situation
Assiette de table
Sariette herbe
Gloriette
Historiette
Layette
Brayette
Seruiette
Ioliette
Empiete verbe
Tablette aix
Tablette agenda
Tablette terme de medecine
Galette
Malette
Palette à iouer
Palette de l'espaule
Palette de Peintre
Palette de sang
Salette
Psalette terme de Musique
Belette animal
Bandelette

Athlete
Femmelette
Aumelette ou amelette
Sellette d'vn criminel
Costelette
Squelette
Tartelette
Aueuglette
Toilette de marchand
Toilette deshabillé
Toilette terme de Chirurgie
plier la Toilette voler
Vilette
Caillette partie du corps
Caillette iniure
Paillette
Fillette
Fillette de vin
la Cueillette
Aiguillette
courir l'Aiguillette
nouër l'Aiguillette
Quenouillette
Dariolette cõfidence d'amour
Violette fleur
Molette d'esperon

Molette ride au visage
Cassolete
Reglette d'Imprimerie
Replette
Emplette
Paulette droit annuel
Espaulette
Ciboulette
Houlette
Poulette
Escarpoulette
Roulette
Fiamette couleur
Allumette
Gourmette
Comette
Planette
Cadenette
Vignette d'Imprimerie
Castagnette
Sadinette
Espinette
Chopinette
Tinette
Espineuinette arbrisseau
pome de Rainette

Rainette vieux jeu
Chainette
Marionnette
Bayonnette
Sonnette
Chansonnette
Bergeronnette oiseau
Bergeronnette petite bergere
Chaperonnette
Nonnette
Cornette de femme
Cornette de Caualerie
Cornette de Docteur
Sornette
Lunette
Lunette d'aproche
Lunette de cheual
Capete Escoliers de Montaigu
Trompette
Escopette
Serpette
Charette
Gorgerette
à la Pierrette jeu
Collerette
Anachorette

Fleurette
Amourette
Burette
Chambrette
Aigrette oiseau
Aigrette à mettre sur vn chapeau
Vinaigrette
Interprete
Cheurette petit chenet
Cheurette poisson de mer
Leurette
Brette espée
Cassette
Tassete
Fossette
Fossette jeu
Chaussette
cligne-Mussette jeu
Tette
Epithete
Bauette
Guette
Eschauguette
Baguette
Braguette
Languette de toile
Goguette gayeté
Iaquette
Raquette
Cliquette à iouer
Cliquette de ladre
Piquette petit vin
Etiquette
à la Franquette
Banquette terme de fortification
Moquette estofe
Moquette raillerie
Nauette graine
Nauette d'vn tisseran
Fouette
Ciuette animal
Ciuette senteur
Buuette
Cuuette
Esprouuette à poudre à canon
Cahuette
Bluette
Luette
Alloüette
Broüette
Giroüette

Piroüette jeu
Piroüette terme de dance
Poëte

Disette
Noisette
Rosette de bottes
Rosette ancre rouge
Mazette cheual
Mazette iniure
Musette espece de souris
Musette instrument
Amusette
Camusette

Plus les fem. des noms en *et*, *muet*, *muette*.

Plus diuers temps & pers. des verbes en *etter*, *cachette*.

Plus diu. temps des verbes en *etter permette*.

ITE

Subite
Marcassite terme de lapidaire
Tacite adi.
Licite
Illicite
Exercite
Redite
Hermafrodite
Satellite
Proselite
l'Elite
Carmelite Religieuse
Chrysolite pierre precieuse
Mite de fromage
Mite du visage
Mite d'vn chat
Chatemitte
Limite
Comite
Marmite
Hermite

Benite
eau Benite
Pite monnoye.
Lapithe de la fable
Decrepite
Merite
Leschefrite
Guerite
gagner la Guerite s'enfuir

Marguerite fleur
Fauorite
Hypocrite
Amphitrite

Petite

Parasite
Visite
Opposite
Quitte
quitte à Quitte
Truitte
Pituite
Iesuitte
Casuite pour Casuiste
Conduite sagesse
Conduite d'eau
Conduite d'armee
Fuite
Suitte

Plus diuers temps & pers. des verbes en *iter*, *habite.*

Plus les part. fem. des verbes en *ire*, *dite*, *escrite*, *traduite*.

AITE

Defaite d'armée
trouuer vne Deffaite
Entrefaite au pluriel
Traitte
l'espée Traitte
Retraitte
Retraite fig. se retirer
Laitte de poisson

Plus diuers temps & pers. des verbes en *aitter*, *souhaitte.*

Plus les part. fem. d'vne partie des verbes en *aire*, *faite.*

OITE

vin en Boite
Coite d'vn lit
Moite
Droite
Adroite
Estroite verbes
Exploite
Conuoite
Boite

ALTE

Alte terme de guerre

Exalte verbe
Asphalte bitume

OLTE

Récolte
Volte dance
Volte terme d'Ecuyer
Volte terme de jeu de cartes
Reuolte
Reuolte verbe

VLTE

Culte
Occulte
Tumulte
Indulte
Insulte
Iurisconsulte

verbes

Insulte
Consulte
Resulte

MTE

l'M se prononçant, comme vne N. quand elle est deuant le T. i'ay mis les mots qui s'escriuent ainsi auec ceux qui s'écriuent, auec vne N.

ANTE & ENTE

Descente de montagne
Descente de boyaux
Descente de Iustice
Innocente vestement
Ente d'arbre
Hante pour hampe de hallebarde
chapelle Ardente
Bacchante
Fente
Iante d'vne roüe
cause Efficiente ter. de l'Escole
Fiente
Atalante
Plante

Mante couuerture
Mante voile
Mante herbe
Radhamante
Tourmente de mer
Consonante
Pante de lit
Pante talud

Souſpente
Rente
Amarante fleur
Amarante couleur
Trente,
Quarante
Cinquante
Soixante
Septante
Octante
Nonante
trente & Quarante jeu
Courante
Courante flux de ventre
Sente ſentier
Tante
Tente d'armée
Tante d'vne playe
Attente
table d'Attente
Entente
Patente
Penitente Religieuſe
Vente
Seruante
Eſpouuante

Plus les fem. des noms en *ant*, & *ent*, *Geante*, *diligente*.

Plus diuers temps & perſ. des verbes en *anter*, & *enter*, *vante*, *contente*.

Plus les part. fem. des verbes en *er*, & preſque de tous les autres, *charmante*, *tenante*, *méconnoiſſante*, *&c.*

INTE

Pinte meſure
Pinte verbe
Quinte de piquet
Quinte fantaiſie
Hyacinthe fleur.
Hyacinte pierre precieuſe
Succincte
Abſynthe
Abſynthe fig. amertume
vin d'Abſynthe
Labyrinthe
Coloquinte
Corinthe
raiſin de Corinthe
Tinte de tinter

Plus si tu veux rimer au Plus voy les pret. des verbes en *nir*, vous *tinstes*.

AINTE & EINTE

Enceinte
femme Enceinte
Feinte
contre Feinte
Plainte
Complainte
Mainte
Crainte
Emprainte de cachet, &c.
Esprainte
Estreinte
Sainte
Atteinte que se donnent les cheuaux
Atteinte fig.

Plus les part. fem. des verbes en *aindre*, & *eindre*, *atteinte*, *plainte*.

OINTE

Cointe iolie
Pointe d'espée
Pointe d'armée
Pointe de rocher
Pointe d'esprit
Pointe d'oiseau
Pointe d'vne sauce
Pointe coëfure de femme
Pointe de chemise
courte-Pointe de lit
tre-Pointe d'vn soulier

Plus les part. fem. des verbes en *Oindre*, *conioint*e.

Plus diuers temps & pers. des verbes en *ointer*, *acointe*.

ONTE & OMTE

Comte dignité
Vi-Comte
Conte narration
Compte d'argent
faire Conte estimer
Fonte
Honte
Promte
Deesse d'Amathonte

Plus diuers temps & pers. des verbes en *onter*, *meconte*.

VNTE

VNTE

Deffunte
Deffunte part.
Emprunte

OTE

Bote à se botter
Bote de foin, &c.
Bote de cordes de lut
Bote quantité, i'en ay vne bote
Bote terme d'escrime
Nabote
Cotte iupe
Cotte d'armes
Cotte terme de Palais
Marcotte
Hotte
Manchote
Galiote
Idiote
Compatriote
Papillote
Eschalote espece d'ail
Calote
chausse à Culote
Pelote bale
Pelote à espingles
Flotte
Vieillote
Mote de terre
Mote petite montagne
Marmote animal
Marmote iniure
Bergamote fruit
Note de Musique
Note d'infamie
Menote
Linote
Bourguignote
Carrote herbe
Marotte
Marotte folie
Crotte
Grotte
Sotte
Malletote il est long
Aristote
Gauote dance
Deuote
Cheneuotte
Pentecoste il est long

Plus diuers temps & pers. des verbes en *otter*, *tricote*.

APTE

Capte la beneuolence
Adapte

EPTE

Accepte
Precepte
Excepte
Inepte
lettre Intercepte
Intercepte verbe

EMPTE

Exempte verbe
Exempte part.

Le P. ne se sentant pas voy ENTE

OPTE

Adopte

ARTE

Carte carton
Carte à ioüer
Carte Geographique, &c.
Parthe peuple
Parte de partir
Quarte de vin
Quarte terme de ieu
Quarte quatriéme
fievre-Quarte
Pancarte
Tarte
Marte pour martre fourure
Charte pour chartre, papiers

Plus diuers temps & pers. des verbes en *arter*, *escarte*.

ERTE

Certes il ne s'escrit point sans S.
Melicerte de la fable
Offerte du seruice diuin
Soufrete
Fierte Chasse d'vn S.
Alerte adu.
vn Alerte
Perte
Verte
cotte Verte
teste Verte fol
Couuerte couuerture

Découuerte d'vn pais verbes
Conserte terme de Musique
Conserte fig. d'vne affaire

Plus les fem. des part. & noms en *ert*, *ouuerte*.

IRTE

Myrthe
Scyrthe

ORTE

Accorte
Escorte
Escorté verbe
Forte
Cohorte
Morte
fueïlle-Morte couleur
Porte
Porte Cour du grand Seigneur
Sorte
Sorte verbe
Torte
de Sorte
de la Sorte

Plus diuers temps & pers. des verbes en *orter*, *auorte*.

EVRTE

Heurte
Meurte Myrthe

OVRTE

Courte
Tourte pastisserie
Tourte oiseau

ASTE dont l'S ne se prononce point

Paste
Paste de confitures
Paste à décrasser
Haste

Plus diuers temps & pers. des verbes en *aster*, *gaste*.

Plus pour rimer au pluriel voy le pluriel des pret. des verbes en *er*, *limastes*, *tombastes*, *&c.*

ASTE dont l'S se prononce

Baste il sufit

Faſte
Chaſte
Vaſte

ESTE où l'S ne ſe prononce point

Beſte
Beſte iniure
Beſte ieu
Feſte
Faiſte
Arbaleſte
Honneſte
Deshonneſte
Tempeſte
Queſte
Conqueſte
Enqueſte
Requeſte
Areſte de poiſſon
Creſte
Apreſte de pain
Teſte
Teſte fig. de toutes choſes, teſte d'vn liure, &c.
martel en Teſte

Plus diuers temps & perſ. des verbes en *eſter*, *arreſte*.

ESTE dont l'S ſe prononce

Ceſte de combat
Inceſte
Moleſte
Geſte
Geſte au pluriel, exploits faits
Digeſte liure de Droit
Indigeſte
Leſte
Celeſte
bleu Celeſte
Manifeſte
vn Manifeſte
Funeſte
Peſte
Peſte iniure
Peſte exclamation
Reſte
Veſte

Plus diuers temps & perſ. des verbes en *eſter*, *conteſte*.

OESTE

Boeſte

ISTE dont l'S ne se prononce point

Giste
Giste d'vn lievre
Giste verbe
Beniste
Viste

Plus pour rimer au pluriel, voy le pret. des verbes en *ir*, *pristes*.

ISTE dont l'S se prononce

Exorciste
Atheiste
Sophiste
Legiste
Etymologiste
Liste
Cabaliste
Annaliste
Euangeliste
Miste
Academiste
Psalmiste
Chimiste
Alquemiste
Phisionomiste
Organiste
Sorboniste
Canoniste
Piste
Copiste
Arboriste
Triste
toile Baptiste
Mahometiste
Ametiste
Droguiste
Iesuiste
Casuiste
à l'Improuiste

Plus diuers temps & pers. des verbes en *ister*, *consiste*.

OSTE dont l'S ne se prononce point, & AVTE

Oste verbe
Coste
Coste montagne
Coste de mer
coste à Coste
Pentecoste
Hoste
Haute
Faute

à Faute
Saute verbe
Argonaute

OSTE dont l'S se prononce, & Auste

Poste où l'on prend les cheuaux pour courir
coure la Poste
Poste fripon
Poste de plomb
Poste terme de guerre
Poste terme de ieu de dez
Riposte
Disposte fem. de dispos
Holocauste

verbes

Acoste
Poste
Aposte

VSTE dont l'S ne se prononce point

Fluste
Fluste espece de verre

verbes

Fluste
Afuste
Bluste

VSTE dont l'S se prononce

Buste de statuë, &c.
Fuste vaisseau
Robuste
Aduste
Auguste
Iuste equitable
Iuste saint
Iuste iustement
Iuste monnoye
Iniuste

verbes

Aiuste
Affuste
Tarabuste

OVSTE voy OVTE

ETTE voy ETE

VTE & EVTE

Bute à tirer
Culbutte
Hutte
Cahutte
de haute Lutte
Minute d'heure

Minute partie d'vn degré
Minute d'vn contract
Minutte instant
Dispute
Brute
Cheute
Cheute part.
Cheute silence
Emeute
Meute ce dernier mot, & le precedent, ont vne differente prononciation des autres

Plus diuers temps & pers. des verbes en *vter, refute.*

Plus si tu veux rimer au pluriel, les verbes qui font *vstes*, au pret. tu les formeras sur les rimes en *vsse.*

AVTE voy OSTE long

EVTE voy VTE

OVTE dont l'*Ou* est long. & OVSTE.

Soute de souder
Soute de marché, &c.
Absoute
Dissoute
Gouste
Iouste
Crouste
Pentecouste

Plus diuers temps & pers. des verbes en *outer*, & *ouster, gouste, broute*

OVTE bref

Doute
Redoute terme de fortification
Escoute estre aux écoutes
sœur Escoute Religieuse
Goutte maladie
mere Goutte
Gloute
Route d'vn bois, d'vn chemin
mettre en Route
Desroutte
Auauderoute
Passeroute
Banqueroute
Toute
somme Toute

Plus diuers temps & pers. des verbes en *outer*, *escoute*,

EXTE

Sexte heures d'Eglise
Bissexte
Texte opposé à glose
Texte heure
Pretexte

IXTE

Mixte
Sixte nom

VE Monosyllabe

AVE

La plus-part sont longs

Baue
Caue
Caue espece de cofre
veine Caue
Concaue
Haue
Conclaue
Esclaue
Raue
Braue bien vestu
Braue vaillant
Graue
Architraue ter. d'Architecture
Entraue
Octaue d'vn Saint
Octaue terme de musique
Betteraue

Plus diu. temps des verbes en *auer*, *laue*.

EVE

Greue du riuage
Greue de la iambe
Greue place de Paris
Breue
Grieue
Soüeue
Treue
Seue
Feue

Plus diuers temps & pers. des verbes en *ver*, *enleue*.

IVE

Censiue
Genciue
Deffenciue
Offenciue

Lesciue
Lesciue de Barbier
Missiue
Rescidiue
Endiue espece de laituës
Saliue
Oliue
Oliue d'vn mors, d'vn esperon, &c.
huile d'Oliue
Soliue
Riue
Griue
Negatiue
Prerogatiue
Affirmatiue
Imaginatiue
Alternatiue
donner l'Aternatiue
Inuectiue
Perspectiue science
Perspectiue tableau
particule Conionctiue
herbe Sensitiue
Mestiue
Viue poisson
Auiue maladie de cheuaux, au pluriel
Conuiue festin
Vegetatiue
verbes
Viue
Suruiue
Suiue
Ensuiue
Poursuiue

Plus les fem. des noms en *if, naif, naiue.*

Plus vn temps du verbe, escrire & ses composez, *escriue.*

AIVE voy EVE

OIVE

Boiue
Déboiue terme de desbauche
Doiue
Deçoiue
Reçoiue
Conçoiue
Aperçoiue

ALVE

Salue d'artillerie

ERVE

Conserue
aller de Conserue
terme de mer
Minerue
Serue fem. de serf
Reserue
en Reserue
corps de Reserue
à la Reserue
Verue poëtique
verbes
Enerue
Conserue
Obserue
Reserue
Preserue

ESVE & AIVE

Resue
Endesue
Glaiue
Séue des arbres

VVE

Cuue
à fons de Cuue
Estuue
Vesuue montagne
verbes
Cuue
Encuue
Estuue

AVVE

Fauue
Chauue
Mauue
Guimauue
Sauue fait son salut
Sauue eschape
Alcauue

EVVE

Fleuue
Preuue
Espreuue
Espreuue d'Imprimerie
à l'Espreuue
Veuue
Neuue
verbes
Pleuue
Meuue
Emeuue

Peuue
Preuue
Apreuue
Espreuue
Treuue

OVVE

Douue
Louue

Plus diuers temps & pers. des verbes en *ouuer*, *couue*.

VE dissilable & voyelle

BVE & BEVE

Büe part.
Imbüe
Barbüe
Barbüe poisson
Herbuë
Fourbüe
verbes
Atribüe
Retribüe
Contribüe
Distribüe

CEVE & CVE, voy SVE

CVE qui se prononce comme QVE

Vaincüe
Conuaincuë
Euacuë verbe

DVE & DEVE

Estenduë de païs
sentinelle Perdüe

Plus les fem. des adiectifs & part. en *du & deu*, *deüë*, *fenduë*.

EVE

Eüe du verbe auoir

FVE

Touffüe

GVE

Cygüe herbe venimeuse
Aigüe
Besagüe outil d'artisan
Contigüe
Ambigüe
Arguë
Redarguë

CHVE & CHEVE

Cheüe
Deschüe
Eschcüe
Crochüe
Branchüe
Fourchüe

VE & LEVE

Moluë moruë
Berlue
Mammelue

Plus les fem. des ad. & part. en *lu* & *leu*. *veluë*, *esleuë*.

Plus diuers temps & pers. des verbes en *lüer*, *afflüe*.

MVE & MEVE

Müe d'oiseau
verbes
Mue de muer changer
Meüe oiseau qui meüe
Esmüe
Remüe
Remüe vn enfant

NVE & NEVE

Nüe nuage
Tenuë
Retenüe conduite
Retenüe d'eau
Venüe
tout d'vne Venue
bien-Venue
mal Aduenüe
fiévre Continüe

Plus les fem. des ad. & part. en *nu* & *neu*, *cornüe*.

Plus diuers temps & pers. des verbes en *nuer attenüë*.

PVE & PEVE

Püe de puer
Repüe repas
franche-Repue

Plus les fem. des noms en *pu* & *peu*, *rompuë*

RVE & REVE

Ruë herbe
Ruë de ville
Rue des pierres

Ruë du pied
Charuë
Verrue
Cruë de riuiere
Recruë
Gruë oiseau
Gruë machine d'architecte
Grue niais
Cocsigrue

Plus les fem. des ad. & part. en *ru* & *reu congruë,*

SVE, CVE & CEVE

Sue de suer
Bossuë de bossuer
Sceuë de sçauoir
Issuë de maison
Issue entrailles
Issuë dessert
Sangsuë

Plus les fem. ad. & part. en *su* & *çu*, & *ceu*, *bossuë*, *conçeüe*.

TVE & TEVE

Statuë
Laictuë
Tortuë poisson
Dame-Rabatue jeu, il ne se dit qu'au pluriel

Plus les fem. des ad. & part. en *tu*, *pointuë*.

Plus diuers temps & pers. des verbes en *tüer*, *habitüe*.

la Veuë
point de Veuë
courte-Veuë
vne entre-Veuë
Beueuë
Reueuë de gens de guerre

PARTICIPES

Veuë
Entreueuë
Pourueuë
Despourueuë

ZVE & SVE

Cousuë
Decouzuë

EVE dipthongue

Bleuë
Queuë

Queuë de lettre, de Sceau, &c.
double-Queuë
simple Queuë termes de Chancellerie
Lieuë
demi-Lieuë
ban-Lieuë

OVE

Bouë fange
Bouë pus d'vne playe
Gadoue
Iouë
Moue
Rouë
Rouë gibet
à tour de Roue lentement
Prouë

Plus diuers temps & perſ. des verbes en *ouer*, *amadouë*.

GVE

AGVE

Bague
Dague eſpée
Indague
Archipelague
vne Vague
Vague ad.

verbes

Dague
Vague
Extrauague

EGVE

Begue
Collegue

verbes

Legue
Délegue
Alegue
Relégue

IGVE

Digue
Prodigue
Figue
bec à Figue oiſeau
faire la Figue
Gigue air de lut
Gigue vne grande gigue
Ligue
Brigue
Intrigue

Fatigue

Plus diuers temps & perſ. des verbes en *iguer*, *origue*.

VLGVE

Diuulgue

ANGVE

Langue
Langue langage
Langue de terre
Harangue
Harangue verbe

INGVE

Seringue
Tringue
Tingue
tope & Tingue verbes
Seringue
Diſtingue
Tingue terme du jeu de dez

ONGVE

Longue
tirer de Longue
Diphtongue
Oblongue

OGVE

Dogue
Gogue il eſt en ſes gogues
Pedagogue
Synagogue
Dialogue
Decalogue
Catalogue
Epilogue
Apologue
Monologue
Prologue
Aſtrologue
Eglogue
Rogue
Drogue
Vogue
auoir la Vogue verbes
Omologue
Epilogue
Vogue

ARGVE

Nargue
faire Largue
se Targue verbe

ORGVE

la Morgue
il Morgue
Orgue

VGVE

Subiuge
Coniugue

OVGVE

Fougue
eau de Pougue il s'escrit auec vne S

AQVE

Caque de poudre, de harang, &c.
Zodiaque
Demoniaque
Simoniaque
Hypocondriaque
Theriaque
Laque de la Chine
Naque de perles
Opaque
Carraque vaisseau
Cloaque
Braque espece de chien
Attaque de ville
Cazaque

Plus diuers temps & pers. des verbes en *aquer*, *braque*.

ECQVE & EQVE

Obseque il ne se dit qu'au pluriel
Bibliotheque
Hipotheque
Greq ue
la Meque
Auecque
verbes
Hipoteque
Rebeque

IQVE

Caïque esquif de galere
à la Mosaïque
Prosaique
ïambique espece de vers Latins

Pudi-

Pudique
Impudique
Iuridique

Trafique
Scientifique
Hyeroglifique
Pacifique
mer Pacifique
Specifique
Magnifique

Magique
Tragique
Astrologique
Energique
Chique à ioüer
Bachique

lettre Italique
Publique
Republique
Oblique
Angelique herbe
Famelique
Relique
Colique
Melancolique sub.
Melancolique adj.

Diabolique
Hyperbolique
Catholique
Apostolique
Replique
Duplique
Triplique, &c.
faire la Nique
Manique
terreur Panique
Tyrannique
Triquenique
Cinique
Laconique
Pulmonique
Chronique
Vnique
Tunique
Heroïque
Stoïque
Pique arme
Pique couleur de cartes
Pique querelle
passer par les Piques. au pluriel
Hydropique
Topique
Tropique

jeux Olympiques il ne se dit qu'au pluriel
Brique
Fabrique
Lubrique
Rubrique
Afrique
Lyrique
Empyrique
Colerique
Satyrique
Rethorique
Critique
Geometrique
Excentrique
Concentrique
Golfe Adriatique
Scyatique maladie
vne Pratique
la Pratique
Flegmatique
Chismatique
Aromatique
Asthmatique
Lunatique
flus Epatique
Extatique
Aquatique

Arctique
Antarctique
Hectique en charte
Ethique partie de la morale
Heretique
Arithmetique
Frenetique
Poetique adj.
Poetique traitte de la poësie
Pathetique
Paralytique
Politique
Antique adj.
vne Antique
Cantique
mer Atlantique
Authentique
lettre Gothique
Optique
Dialectique
mer Baltique
Portique
Fantastique
Ecclesiastique
Scolastique de Theologie

à la Scolastique
Domestique sub.
Domestique adj.
Distique
Pronostique
Rustique
Boutique de Marchād
Boutique de poisson
arriere-Boutique
Ciuique Couronne Ciuique
Musique
Phtisique

Plus diuers temps & pers. des verbes en *iquer*, *fabrique*

Plus on fait de ces mots tant que l'on veut, mais la plus-part ne sont pas en vsage

ALQVE

Defalque

ELQVE

Quelque

ANQVE

Banque
Blanque
Flanque verbe
vn Manque manquement
Manque verbe
S'esflanque

INQVE

Trinque
Chinque termes de desbauche

ONQVE

Oncque
Donque
Adoncque
Conque
Quiconque
Quelconque
Spelonque

OQVE

Coque de limaçon
Coque de noix
Coque d'œuf
œuf à la Coque
pet en Coque
Bicoque

Colloque assemblée
Colloque dialogue
Pandeloque
Breloque
Reciproque
Broque dent terme de chasse
Troque
Toque
Equiuoque sub.
Equiuoque adj.

Plus diuers temps & pers. des verbes en *oquer*, *bloque*.

ARQVE

Barque
Hereziarque
Marque
Contremarque
Remarque
Monarque
Plutarque
Parque

Plus diuers temps & pers. des verbes en *arquer*, *parque*.

ORQVE

Orque Enfer
Orque monstre marin
Extorque

ASQVE dont l'S ne se prononce point

Pasques
Iacques ces mots ne s'escriuent point sans S à la fin

ASQVE dont l'S se prononce

Basque de pourpoint
Basque laquais de Biscaye
tambour de Basque
Casque
Flasque sub.
Flasque adj.
Masque
Masque personne trauestie
Masque iniure
Fantasque
Bourrasque
verbes
Masque
se Masque se trauestit
Renasque

ESQVE dont l'S ne se prononce pas

Euesque
Archeuesque

ESQVE dont l'S se pronce

Arabesque
Tudesque
Bourlesque ou burlesque
Romanesque
Moresque sub.
Moresque adj.
Fresque peindre à fresque
Presque
Pedentesque
Soldatesque
Grotesque adj.
vne Grotesque sub.
Grotesque de tapisserie

ISQVE dont l'S se prononce

Bisque terme de cuisine
Bisque de tripot
Obelisque
Risque
Frisque il fait frisque, pour froid
Lentisque arbre

verbes

Confisque
Risque

VSQVE dont l'S se prononce

Brusque
Busque d'habit, de femme, &c.
Iusques il ne s'escrit point sans S

Plus diuers temps & pers. des verbes en *usquer*, *offusque*.

VQVE

Huque vestement de Flamande
Caduque
Nuque du col
Eunuque
Perruque

verbes

Buque
Iuque

XE

Paralaxe terme d'Astrologie
Araxe fleuue
Taxe
Surtaxe
Sintaxe
verbes
Taxe
Taxe accuse

EXE

Annexe
Annexe verbe
Circonflexe
Sexe
Perplexe
Vexe verbe

IXE

X lettre de l'Alphabet
veuë Fixe
Estoile Fixe
Fixe verbe ter. de Chymie
Fixe fig. arresté
Prolixe

OXE

Paradoxe
Orthodoxe
Equinoxe
Eudoxe nom

VXE

Luxe

YE

AYE

Aye d'auoir
Baye donner vne baye
Baye petit golphe
Gaye
Zagaye iauelot
Haye
border la Haye
estre en Haye terme de guerre
Laye femelle de sanglier
Claye
Playe
Sauçaye
Frénaye

Chesnaye
Paye
morte-Paye
Raye ligne
Raye poisson
Fausse-Braye
Chastaigneraye
Oseraye
Coudraye
Vraye
Saye
Taye
Taye d'œil
bois de haute Fustaye
Craye il s'escrit croie
Orfraye oiseau

Plus diuers temps & pers. des verbes en *ayer*, *fraye*.

OYE

Oye
petite Oye terme de cuisine
petite Oye fig. d'vn habit, &c.
peau d'Oye peau rude
pate d'Oye terme de iardinier
Oye d'ouir
Coye
Foye
Anchoye poisson
Ioye
Montioye nom de Heraut d'armes
Montioye cri de France
Montioye monceau de quelque chose
vn rabat-Ioye
Charmoye
Ormoye
Monnoye
Monnoye où l'on fait la monnoye
Couroye
Croye de croire
Croye pierre
Proye
oiseau de Proye
Lamproye
Ivroye
Soye
Soye de pourceau
ver à Soye
pou de Soye estofe
Voye chemin

Voye terme de chasse
Voye de bois, &c.
Voye de voir
Pouruoye
Pouruoye fig. marie
de Guinquoye de trauers

Plus diuers temps & perſ. des verbes en *oyer*, *fouruoye*.

VYE & VIE diff.

Buye cruche
Fuye colombier
Pluye
Suye
Truye
Truye fig. femme grasse
L'ouye
Ouye de poisson
verbes
Fuye
Ennuye
Desennuye
Appuye
Appuye fig. s'asseure
Essuye
Essuye fig des coups,

ZE

AZE & ASE

Aze iniure
Baze
Case nom, terme de trictract
Case verbe
Emphase
Gaze estoffe
Pegaze
Haze femelle d'vn liévre
Topase pierre precieuse
Raze
Chrysopase pierre precieuse
vn Raquedenase
Phrase
Paraphrase
Peri hrase
Antiperistase
Extasé
Vase
Vase limon

Plus diuers temps & perſ. des verbes en *azer*, *Iaze.*

EZE ESE & EIZE

Diocese
These
Parenthese
Hipothese
Antithese
Catachrese
Syndercse
Peloponese
Treze
Prese terme du jeu de dez
Seize
in Seize terme d'Imprimerie

verbes

Pese
Empese
Contreprese

ISE & IZE

Bise vent
paste Bise
couleur Bise
Marchandise
Chalandise
Friandise
Gourmandise
Cafardise
Gaillardise
Paillardise
Cagnardise
Mignardise
Bastardise
Couardise
Fétardize
Size située
Guise
à sa Guise
Cephise fleuue
Franchise
Valise
Mise terme d'architecture
Entremise
main mise terme de Palais
vser de main Mise fraper
estre de Mise
Tamise fleuue
Remise terme de banque
Remise de carrosse
Chemise
Artemise
Cerise
Crise
Frise estofe

Friſe Païs
Griſe
Griſe qui a des cheueux gris
Priſe terme de Medecine
Priſe de ville, &c.
Repriſe
Entrepriſe
Surpriſe
vne Meſpriſe
Maiſtriſe
Preſtriſe
Aſſiſe terme de Palais
Feintiſe
Sottiſe
Hantiſe
Vaillantiſe
Faineantiſe
Conuoitiſe
Accortiſe
Beſtiſe
Deuiſe
Deuiſe blazon
Egliſe

Plus les fem. des part. & adj. en *is*, *preciſe*, *admiſe*.

Plus diuers temps & perſ. des verbes en *iſer*, *baptiſe*.

Plus diuers temps du conionctif des verbes en *ire*, *diſe*.

AIZE & EIZE

Aiſe
Malaiſe
Fadaiſe
Chaiſe
Niaiſe
Plaiſe
Déplaiſe
Complaiſe
Punaiſe
Punaize qui a le nez mauuais
Fournaiſe
Braiſe
Fraiſe fruit
Fraize de veau
Fraize à mettre au col
Fraiſe d'vn baſtion
Taiſe de taire
Mortaize
Seize }
Inſeize } brefs
Treize }
Mauuaiſe

Plus diuers temps & perſ. des verbes en *aiſer*, *baiſe*.

OIZE

Vandoiſe poiſſon
Ardoiſe
Framboiſe
Bourgeoiſe
Vilageoïſe
Turquoiſe
Toize
Courtoiſe
Ceruoiſe
Matoiſe fem. de matois

Plus diuers temps & perſ. des verbes en *oiſer*, *degoiſe*.

INZE

Quinze
demi-Quinze terme de ieu de paume

ONZE

Onze
Bronze

OZE OSE & AVZE

Metempſicoſe
Doſe priſe
Metamorphoſe
Choſe
Aloſe poiſſon
Cloſe de contract
Cloſe adj.
Encloſe
Décloſe
Eſcloſe
Forcloſe terme de Palais
Gloſe
Bugloſe herbe
Roſe
eau Roſe
noble à la Roſe
Couperoſe
Proſe
Cauſe
Cauſe affaire
Pauſe
Cauſe verbe
Clauſe

Plus diuers temps & perſ. des verbes en *oſer*, *expoſe*.

ORZE

Quatorze

VZE

Buſe oiſeau
Buſe iniure
Arquebuze
Excuſe
Meduſe
Ecluſe
Cornemuſe
Ruſe
Ceruſe
Muſe
Arethuſe fontaine

Plus les fem. des noms & des par.en *vſ*,*camuſe*,*excluſe*.

Plus diuers temps & perſ. des verbes en *vſer*, *amuſe*,

AVZE voy OZE

EVZE & EVSE

Meuſe fleuue
Macreuſe oiſeau de mer
dent Creuſe
Yeuſe herbe
partie Honteuſe au pluriel
Chartreuſe Conuent
Fileuſe

Queſteuſe à l'Egliſe
vne Aparieuſe qui fait des mariages

Plus les fem. des noms en *eux*, *heureuſe*.

Plus les fem. de tous les adiectifs en eur, dont l'R ne ſe prononce point dans le diſcours ordinaire; comme faiſeur, baiſeur, on dit *faiſeux*, *baiſeux*, *faiſeuſe*, *baiſeuſe*.

OVZE

Douze
Ialouſe
Belouſe
Talmouſe
Eſpouſe
Ventouſe
verbes
Eſpouſe
Ventouſe
Arrouſe on eſcrit aroſe
Couze
Découze

F

EF

Chef teſte

Chef Capitaine
Chef article
Meschef
Derechef
couure-Chef
Clef l'F ne se prononce point à ces deux mots
Bref court
Bref enfin
Bref du Pape
Tref tente
Nef nauire
Nef d'Eglise
Souef
Fief
Relief terme de fief
Relief d'apel, terme de Palais
Relief terme de sculpture
Brief
Grief
Grief terme de Palais

IF

If arbre
Naif
Tarif
Lascif
Excessif
Successif
Possessif terme de Grãmaire
Aprehensif
Deffensif
Offensif
Pensif
Passif
Massif
Poussif
Grondif
Tardif
Maladif
Canif
Vif viuant
Vif prompt
argent-Vif
Persuasif
Oisif
Corrosif
Abusif
Suif
Iuif

TIF

Rebarbatif
Vindicatif
Dessicatif

Indicatif
Vocatif
Datif
Recreatif
Negatif
Hastif
Ablatif
Relatif
Appellatif
Superlatif
Contemplatif
Affirmatif
Natif
Nominatif
Preparatif
Lucratif
Imperatif
Operatif
Deliberatif
Comparatif
Generatif
Memoratif
Restauratif
Demonstratif
Optatif
Portatif

Vegetatif
Putatif
Confortatif
Tempestatif
Priuatif
Preseruatif
Deriuatif
Laxatif
Accusatif
Actif
Atractif
Adiectif
Effectif
Electif
Collectif
Correctif
Respectif
Conionctif
Subionctif
Abstructif
Chetif
Metif
Expeditif
Fugitif
Vomitif
Primitif
Definitif
Infinitif

Genitif
Genitif de generation
Lenitif
Senſitif
Nutritif
Aperitif
Poſitif
Preſomptif
Attentif
Ententif
Subſtantif
Craintif
Plaintif
Motif
Captif
Haſtif
Reſtif
Adoptif
Conſecutif
Subſecutif
Diminutif

OIF

Soif

ERF

Cerf
corne de Cerf herbe
Serf eſclaue
Nerf

ces mots, excepté Serf, ſe peuuent rimer auec ceux en ER rude

VF

Tuf

EVF

Oeuf
Bœuf
œil de Bœuf feneſtre
Nœuf nouueau
Neuf nombre
Eſteuf
Veuf

G

ANG

Rang terme de guerre
Rang pour condition
Sang
Sang pour race
flux de Sang
à feu & à Sang
Harang
Eſtang

Plus voy *ane*, car il se prononce de mesme

I N G, voy *in*, car le G ne se prononce pas

O I N G, voy *oin*, car le G ne se prononce *pas*.

ONG

Long
Oblong

voy *onc*

I O V G, voy *onc* car il se prononce de mesme

OVRG

Bourg
faux-Bourg

Plus voy our, car il se prononce de mesme

H

l'H n'estant qu'vne aspiration, il n'y a point de mots où elle se prononce à la fin.

I

I & Y, sonnans de mesme à la fin des mots, ie les ay mis ensemble

BI

Rabbi Docteur Iuif
Alibi terme du Palais
Fourbi part.
Subi part.

CI & SI

Cy
Cecy
Icy
Soucy soin
Soucy fleur
Voicy
Mercy
grand-Mercy
Sourcy sourcil, l'L ne se prononce pas
En racourcy terme de peintre
Si conionction
Si défaut, il y a vn si
Ainsi
par Ainsi
Aussi
Chancy pourry
verbes
Occi

Cir-

Circonci

Plus diuers temps & perſ. des verbes en *cir*, & *ſir*, *adoucy*, *tranſi*.

DI

Midi

Midi partie du monde

tout Brandi

Hardy

Lundy

Mardy

Mercredy

Ieudy

Vendredy

Samedy

Landy foire

vn Eſtourdy

Plus diuers temps & perſ. des verbes en *dir*, *reſplendi*

Plus diuers temps du verbe *dire*, & ſes composez, *di*, *interdi*.

EI

Obei verbe

Obei part.

Deſobei

Fy interiection quand on repugne à quelque choſe

vn Defi

Crucifi l'x ne ſe prononce pas

Salſifi legume

vn Longi

verbes & part.

Bouffi

Suffi

Confi

Deſconfi

Gy

Plus diuers temps & perſ. des verbes en *gir*, *regi*.

HI

verbes & part.

Trahy

Esbahy

Enuahy

Hay

CHI

vn Affranchy

Plus diuers temps & perſ. des verbes en *chir*, *blanchy*

LI

Ioli

N

Poli vni
Poli qui a de la politesse
vn Poli
Tripoli à nettroyer, à escurer
Tripoli Royaume
Torticoli iniure
verbes
Li
Esli

Plus diuers temps & pers. des verbes en *lir*, *amoli*.

BLI

Oubli
fleuue d'Oubli
Establi de boutique
verbes & part.
Establi
Ennobly
Affoibli

ILLI

du Bouilli
Bailly dignité

Plus diuers temps & pers. des verbes en *llir*, *tressailli*.

PLI

Pli
Pli fig. habitude
Repli
Contrepli
Surpli on l'escrit auec vn S, mais elle ne se prononce pas

Plus diuers temps & pers. des verbes en *plir*, *accomply*.

MI

Mi note de musique
Mi pour demi
Amy
Tristamy couleur, pour tristamie
Demy
Ennemy
Tami
tourner le Tami l'S ne se prononce pas
Parmi
il y a du Parmy
Fourmy
de l'Endormy
pied Endormy

Plus diuers temps & perſ. des verbes en *mir, fremi.*

NI

Nid le d, ne ſe prononce point

Nenny

Ani graine l'S ne ſe prononce point

Ani dragée

vn Banni

Déni de iuſtice

du Verni

or Bruni

Infini

à L'infini

Indefini

Gemini du Zodiaque

Bini

Catimini

Brouillamini

Brouillamini deſordre

poudre Semini

Plus diuers temps & perſ. des verbes en *nir, fourni.* Il faut excepter *venir, tenir,* & leurs compoſez

PI

Tapi l'S ne ſe prononce point

Tapi d'allée

Eſpi de bled

porc-Eſpi

Plus diuers temps & perſ. des verbes en *pir, acroupi.*

RI

Mary marié

Marry faſché

Pary

Hourvari

Chariuari

Bari l'L ne ſe prononce point

Emeri à ecurer

Pilori

Badelori

Colori

Fauory

langage Fleury

Griboury iniure

Griboury inſecte

pot-Pourry terme de cuiſine

Soury l'S ne se prononce point

chauue-Soury

gris de Soury couleur

poil de Soury couleur

Plus diuers temps & perf. des verbes en *rir*, *chery*. Il faut excepter, *ferir*, *querir*, *courir*, *mourir*, & leurs composez

BI

Abri

Cabri chevreau

CRI

Cri clameur

Cri public

Cri à leuer vn carrosse

Plus l'Imperatif du verbe escrire, & ses composez, *escri*.

DRI

Amoindry

Attendry

FRI

Fri de frire

GRI

verbes & part.

Aigry

Enaigri

Maigri

Amaigri

Rabougri

vn Gril l'L ne se prononce point

TRI

Pestri

Meurtry

VRI

Apauuri

SI voy CI

S I qui se prononce comme Z I, voy Z I

TI

vn Dementi

Aprentif l'F ne se prononce point

Nanti

Parti faction

Parti de Finance

Parti de guerre

Parti mariage, c'est vn bon parti

vn Conuerti

mal-Basti

Mestif l'F ne se prononce point

Rosti

Couti

Outi

Genti

l'L ne se prononce point en ces deux derniers mots

Plus diuers temps & pers. des verbes en *tir*, *aplati*

VI

Enuy terme de jeu

à l'enuy

Cheneui

Imperatifs

Vi de viure

Surui

Suiui

Poursuiui

Plus diuers temps & pers. des verbes en *vir*, *asserui*.

GVI

Gui de chesne

vne grosse Gagui

Langui de languir

QVI

Qui

vn ie ne sçay Qui

Esqui terme du jeu de prime

ZI & SY

Quasi

Cramoisi

Plus diuers temps & pers. des verbes en *sir*, *moisi*.

AY rude

Bay

Essay

Essay de metaux

Essay tasse de gourmet

vn coup d'Essay

Geay oiseau

Guay

Quay

Lay

Conseiller Lay, &c.
Balay
rubi-Balay
Delay
May
planter le May
fil d'Espinay
Ray d'vne roüe
Vray
Nay de naistre
Pay de paistre
Tay-Tay terme dont on se sert pour appeller vn chien

Plus l'Imperatif des verbes en *aire*, *fay*, *tay*.

AY qui se prononce, comme, E mas.

Sçay de sçauoir
Gay
verd-Gay

Plus le pret. des verbes en *er*, & le futur de tous les verbes. *I'aimay*, *i'aimeray*, *choisiray*.

OY

Oy d'oüir
Coy
à Recoy
Doy de deuoir
Alloy
Moy
sur son quand à Moy
à par-Moy
Esmoy
Tournoy l'S ne se prononce point
Quoy
Dequoy
Dequoy richesse
Parquoy
Pourquoy
Ie ie ne sçay Quoy
Roy
vice-Roy
Arroy
Desarroy
Effroy
Beffroy clocher
Beffroy toxin
Paroy muraille
vn Octroy
Soy
Toy
vn Renuoy
Conuoy d'armée

.Conuoy d'enterrement
Enuoy de lettre

Plus l'Imperatif des verbes en *oire*, *oistre*, & d'vne partie de ceux en *oir*, boy, *connoy*, *preuoy*.

VY

Huy
Meshuy
Auiourd'huy
Fuy de fuïr
Muy le d ne se prononce pas
Luy pronom
Celuy
Ennuy
Appuy
Estuy
Cestuy

verbes

Suy
Poursuy
Ensuy

Plus l'Imperatif des verbes en *vire*, *traduy*.

OVY

Ouy adu.

Plus diuers temps des verbes en *ouir*, *ouy*, *resiouy*.

L

AL

Bal
Verbal
Monachal
Pontifical
Canonical
Musical
Vertical
Grammatical il est plus vsité au fem.
Boccal
Local
Agneau Paschal
Fiscal
Ducal
Sandal
Durandal
Feodal
Sinodal
Feal
Leal
Triomphal

Egal
Inegal
Legal
Madrigal
Coniugal
Mareſchal artiſan
Mareſchal dignité
fil-d'Archal
Aduerbial
Prouerbial
Special
Prouincial ſub.
Prouincial adj.
Prouincial dignité de Religieux
Official
Martial
Partial
Nuptial
Beſtial
Preſidial
Cordial
Matrimonial
Patrimonial
Imperial
Memorial
Immemorial
Seigneurial

Loyal
Royal
Triuial
Iouial
Mal
Mal adu.
le haut-Mal
Animal
Anomal
Banal
Canal
Phanal
Arſenal
Venal
Signal
Medecinal
Final
Cardinal
Virginal
Original
Vrinal
Poitrinal
Matinal
Septentrional
Meridional
Automnal
Infernal
Iournal

Tribunal

Principal
Principal de College
Principal d'vne constitution de rente

Liberal
Numeral
General
General d'armée, de Conuent, &c.
Mineral
Admiral
Caporal
Coral
Pectoral
Doctoral
Pastoral
Cathedral
Diametral
Poitral
Magistral
Claustral
Austral

Vassal
Commensal
Fatal
Metal

Pié d'Estal
Genital
Capital
Hospital
Marital
Vital
Cristal
Sacerdotal
Total
Brutal
Accidental
Occidental
Oriental
Quintal
Frontal

Val
Naual
Cheual
à Cheual son de trompette
Riual
Corriual
Estiual

EL

Bel
Montgibel montagne
Lambel terme de blason

Iouuencel
Bordel
Degel
Ordre S. Michel
Reel
Fiel
Miel
Ciel
arc-en-Ciel
Artificiel
Superficiel
peché Veniel
Peſtilentiel
Subſtantiel
Materiel
Pluriel
peché Originel
Criminel
Iſnel
Perſonnel
Solemnel
Conditionel
Charnel
Maternel
Fraternel
Eternel
Sempiternel
Colonel

Noel
Apel terme de Palais
Apel deffi
Temporel
Corporel
Naturel point forcé
Naturel inclination
fils Naturel
Supernaturel
Sel à ſaler
Scel ſeau
Miſſel
Vniuerſel
Vniuerſel qui n'ignore rien
Tel
Brocatel
Martel
Cartel
Mortel
peché Mortel
Immortel
Chaſtel
Hoſtel
Autel
Maiſtre d'Hoſtel
Paſtel
Quel

Lequel
Duel
Manuel
Annuel
droit Annuel
Cruel
Senſuel
Perpetuel
Continuel
Spirituel
Mutuel
don Mutuel
Actuel
Ponctuel
Aſſiduel
Caſuel
Viſuel
vn Damoiſel
Carrouſel

IL

Il
Fil
Fil de l'eau
Fil tranchant d'eſpée, &c.
Fil d'vn diſcours
Poignée de fil
droit Fil
tranche-Fil à couper cuir
Profil
Mil nombre pour mille
Mil graine
Nil fleuue
Viril
Subtil
Vil
Ciuil
Inciuil
Pueril
Biſſextil
Exil

IL dont l'L mouille

l'L ne ſe prononce point à la plus-part de ces mots.

Babil
Sourcil
Mil graine
Conil
Beril pierre precieuſe
Peril
Barril
Nombril
Gril
Auril

Outil
Persil
Bresil païs
Bresil bois
Gresil
Fusil à faire feu
Fusil arme
Fusil arbrisseau
Gentil
Gentil payen

AIL

Ail legume
Bail
Bercail
Mail jeu
Mail auec quoy on iouë
Camail
Esmail
Gouuernail
Soupirail
Attirail
Sérail
Batáil
Détail
Metail
Euentail
Espouuentail

Corail
Portail d'Eglise
Portail fruit
Bestail
Trauail
Trauail de Mareschal

EIL

Soleil
Sommeil
Vermeil
Pareil
Nompareil
Appareil
Appareil d'vne playe
Conseil assemblée
Conseil auis
Orteil
Resueil

OIL

Poil
à Contrepoil
vn Passepoil

EVIL

Oeil

Oeil bouton, bourgeon, terme de iardinage
Oeil esclat, lustre, l'œil d'vne perle, d'vn drap, &c.
clin-d'Oeil
Acceuil
Receuil
Cerceuil
Esceuil
Deuil
double Deuil terme de trictrac
Cerfeuil
cheure-Feuil
Orgueil
Orgueil mal d'œil
Escureuil
Cheureuil
Seuil
Linceuil
Fauteuil
Orteuil
Rezueil

OVIL

Fenouil
Genouil on prononce souuent genou
Verrouil
Gazouil

OL

Bol de casse
Col
hausse-Col
Licol
mouchoir de Col
Dol
Fol
Vitriol
Mol
B-mol terme de Musique
Rossignol
Sol notte de Musique
Sol monnoye
escu Sol
tourne-Sol fleur
tourne-Sol à faire empois
entre-Sol
para-Sol
Gira-Sol pierre precieuse
Vol d'oiseaux
Vol de voleur

vne partie de ces mots se

trouueront en *ou*, car ils se prononcent de mesme

VL

Cul ce mot, & ses composez, se trouueront en C V, car L ne se prononce point

Calcul suputation

Calcul maladie

Nul

Consul Iuge des Marchands

Consul Romain

Proconsul

EVL

Filieul

Seul

Ayeul

Bisayeul

Trisayeul

Espagneul

M

AM

Dam

voy *an*

EM

Hem

Item

Idem

Ibidem

entendre le tu Autem

Ierusalem

Requiem

AIM

Faim

Daim

Exaim de mouches

Estaim

voy Ain, car l'M se prononce comme vne N.

OM

Nom

Pronom

Renom

Surnom

Plomb

Aplomb

Voy On, car ils riment de mesme

VM

Parfum
Alum

Voy Vn, car ils se prononcent de mesme

N

AN & EN dont l'E se prononce comme vn A.

An
iour de l'An
Ban
Arriereban
Ban de mariage
crier à Ban terme de Palais
Caban
Ruban
Turban
Banc de sable
Banc siege le C ne se prononce point

Vidiacam
Bourracan estofe
Encan
Quamquan
Carcan collier
Carcan suplice
Pelican oiseau
Vulcan
Eridan fleuue
vn Quidan
Soudan
Ocean
herbe S. Iean
mal S. Iean

Fan de biche, on l'escrit faon
vieille Gangan
Ahan peine
Milan oiseau
Chalan
Relan
Mirabolan fruit
Ortolan
Chambellan
Brelan jeu
Brelan academie de ioueurs
Merlan
Esperlan
Eslan animal
Eslan eslancement
Plan

Glan

Glan de rabat

vn Trucheman

Mamman terme d'enfant

Pan Dieu des Bergers

Pan oiſeau, on l'eſcrit paon

Pan de muraille

Pan de robe

Trapan eſpece de planche

Guetapan

Trepan outil de Chirurgien

Empan

Haran le G ne ſe prononce point

Seran à faire la filace

Tiſſeran

Tyran

Halebran ieune canard

Cormoran oiſeau

Cormoran iniure

Cran

Eſcran

Quadran

Balandran

Safran

eſtre au Safran ruiné

Alcoran

Tan teinture

Eſtang le G ne ſe ſent point

Satan

Titan de la fable

Entan adu. des neiges d'entan

Van

Auuan

Cordouan eſpece de cuir

Roüan poil de cheual

Faizan oiſeau

Alezan cheual alezan

Artiſan

Partiſan de quelqu'vn

Partiſan de ferme publique

Courtiſan

Païſan

En prepoſition

En adu. va-t'en, va-t'en

Plus l'Imperatif des verbes en Andre & Endre, dont le D ne ſe prononce point, *fend*, *prens*, *vend*, il y en a qui y mettent vne S

EN

EN

Amen
Examen
Hymen

IEN monosyllabe

Bien contraire de mal
Bien richesse
gens de Bien
Combien
Combien interrogation
Quotidien
Chien
Chien iniure
rompre les Chiens au pluriel se dit fig. pour changer de discours
Mien
Rien
vn Vaurien
Sien
Tien
Maintien contenance
Maintien appuy
Soustien
Chrestien
bon Chrestien fruit
Plus diuers temps & pers. des verbes *tenir*, *venir*, & leurs composez *vien*, *tien*.

IEN & YEN dissil.

Mathematicien
Magicien
Logicien
Academicien
Stoïcien
Praticien
Necromantien
Arithmeticien
Rhetoricien
Phisicien
Phisicien vieux mot, pour Medecin
Comedien
Gardien
Ange Gardien
Pere Gardien
nœud Gordien
Rufien
Theologien
Chirurgien
Venerien
Paroissien
Saturnien
Ancien

Lien
Galerien
Grammairien
Historien
Terrien *sub.*
Terrien *adj.*
Payen
Moyen *mediocre*
Moyen *biais*
Moyen *au pluriel richesses*
Doyen
Mitoyen
Citoyen

IN

BIN

Cherubin
Iacobin *Religieux*
Coulombin *couleur*
Carrabin

CIN voy SIN

DIN

Badin
Baladin
Paladin
Incarnadin
Citadin
Guilledin *d'Angleterre*
Vertugadin
Muscadin
Dandin
Iardin
Gourdin
Boudin

FIN

Fin *bout*
Fin *delicat, delié*
Fin *rusé*
Affin
Enfin
à la Fin
à la Parfin
Serafin
Confins *il ne se dit qu'au pluriel*
Cofin
Daufin *poisson*
Daufin *fils aisné de France*

GIN

Engin
Malengin

LIN

Lin
Calin
gris de Lin
Malin adj.
Malin, le Diable
Criſtalin
Poupelin
Ambrelin
Velin
Orphelin
Craquelin
Patelin
Rauelin
Aquilin
Maſculin
Moulin
fer à Moulin terme d'armoirie
Clin
Déclin de la Lune
Declin de piſtolet, &c.
Enclin

MIN

Chemin
Parchemin
Iaſmin
Cumin

NIN

Benin
Venin
Feminin
vn Maiſtre Gonin
peau de Conin cri de Paris

PIN

Pin
pomme de Pin
Lapin
Sapin
Calepin
Pepin
aube-Pin
Lopin
Eſcarpin
Lupin legume
Poupin

RIN

Rhin fleuue
Brin
Marin

chien Marin, &c.
Romarin
Tarin oiseau
Gorgerin
Vterin
Pelerin
Serin oiseau
Florin monoye
Burin
Tabourin
Crin
Escrin
Chagrin adj.
Chagrin sub.
Chagrin espece de cuir d'Orient
Lutrin
Quadrin
faucon-Peregrin, hagard
Poulverin à amorcer vn mousquet

SIN qui se prononce comme *Zin*, voy *Zin*.

SIN & CIN

Bassin espece de plat
Bassin de chaire percée
Bassin de balance
Bassin de fontaine
Boucassin
Assassin
Assassin mouches que les femmes mettent sur leur visage
Spadacin
Fantassin
Marcassin
Coussin
Poussin
Roussin
Clauessin d'epinette
Capucin
Farcin
Medecin
Larcin

TIN

Thin herbe
Tintin de sonnette
Gratin
Theatin Religieux
Matin
reueille-Matin d'vne monstre
reueille-Matin herbe
Latin

païs Latin
Patin de femme
Patin à aller ſur la glace
Satin
Buletin
Gredin
le Fretin
Tetin
Chicotin
Picotin
Trotin
Cheurotin
Diablotin
butin
Lutin
Mutin
Scrutin
Brigantin
Argentin
Enfantin
Diamantin
Serpentin
Roquentin vaudeuille
vieux Roquentin
Quintin toile
Libertin
Auertin
Maſtin

Deſtin
Clandeſtin
Feſtin
Inteſtin domeſtique
Inteſtin boyau
Auguſtin } Religieux
Benedictin } Religieux
Celeſtin } Religieux

VIN

Vin
filet de Vin
doigt de Vin
ſoupe en Vin
Eſcheuin
Diuin
Aluin petit poiſſon
Prouin de vigne
roſe de Prouin l'S ne ſe prononce point

GVIN

Beguin
Sanguin

QVIN

Faquin
Taquin

Cazaquin
Brodequin
Manequin
Vilbrequin
Lambrequin
Coquin
ver-Coquin vision, fantaisie
Maroquin
Bouquin odeur de bouc
Bouquin enclin à luxure
Bouquin vieux liure
cornet à Bouquin
bleu Turquin
Iuin mois

XIN

Toxin
pont-Euxin mer

ZIN

cheual Zin
Basin
Magasin Arsenal
Magasin cofre d'armée
Magasin de Marchand
Raisin
Voisin
Cousin moucheron
chasse-Cousin mechant vin
Sarrazin infidelle
blé Sarrazin

AIN & EIN

BAIN

Bain

CAIN

Publicain
Vulcain

CEIN voy SAIN & SEIN.

DAIN

Daim animal
Desdain
Mondain
Soudain
tout Soudain adu.

FEIN

Fein verbe
Faim

GAIN

Gain
Regain de prairie

CHAIN

Prochain ſub.
Prochain adj.

LAIN & LEIN

Vilain auare
Vilain roturier
Vilain laid, ſale, &c.
Vilain poiſſon
Poulain ieune cheual
Poulain à deſcendre le vin à la caue
Plein
terre-Plein
velours-Plein
Chapellain
Chaſtelain

verbes

Plaind
Complaind

MAIN

Main d'homme
Main de papier
Main d'oublie
Main terme de jeu, donner la main, donner vne main
Main de ſinge, d'oiſeau de proye, &c.
bonne Main fig. peintre, ioueur d'inſtruments, &c.
Demain
apres Demain
Lendemain
Auant-main
arriere-Main
derniere-Main
Humain
genre-Humain
Inhumain
Germain frere
couſin Germain
iſſu de Germain
en vn tourne-Main
Mein riuiere

NAIN

Nain

arbre Nain

PAIN & PEIN

Pain
maſſe-Pain
Peind
Depeind le D ne ſe prononce pas à ces deux Imperatifs

RAIN & REIN

Rein
Sercin ſub.
Serein beau adj.
Quatrain
Souuerain remede ſouuerain
Souuerain Prince Souuerain
Airain
Forain
Contemporain
Parrain
Mairrain
Terrein
Souterrein
Frein
Refrain de chanſon
Chanfrain
Grain
Grain poids
Grain blé, il eſt riche en grain
Grain de folie
Train aller ſon train
Train ſuitte
prendre le Train de quelqu'vn, l'imiter

verbes

Enfreind
Eſpreind
Eſtreind
Contraind
Aſtraind

SAIN SEIN & CEIN.

Sein gorge
Sein giron
Sein fig. de cœur, & le milieu de quelque choſe
Sain graiſſe
Seing ſignature, le G ne ſe prononce pas
Deſſein
Exain de mouches
Trauerſain

verbes

Ceind
Deccind
Enceind

TAIN & TEIN

Metropolitain
Huitain
Putain
Plantain herbe
Lointain
Trentain gros tonneau
Trentain terme du ieu de paume
Certain
Incertain
Chaſtain couleur
Hautain
Sacriſtain
Teint du viſage, le T ne ſe prononce point
Eſtaim

verbes

Teind
Deſteind
Eſteind

VAIN & VEIN

Vain orgueilleux
Vain il fait vn temps vain
en Vain
Leuain
Leuain fig. rancune
Eſcriuain
Eſcriuain fig. hiſtorien
Siluain Dieu champeſtre
Eſperuain
Aueind Imp. deuiendra

ZAIN

Sixain de vers
Sixain de cartes, &c.
Dizain
Douzain monoye
Treizain monoye
Fuzain arbriſſeau
Quinzain terme du jeu de paume

OIN

Coin
Coin à fendre le bois
Coin de monnoye

Coin fruit

Coin de cheueux

Recoin

Foin

Foin terme de despit

Chafoin

Loin

Tesmoin

faux-Tesmoin

Poin de la main

Poin pas, il s'escrit auec vn T, mais il ne se sent point

Groin

Groin fig. visage

Soin

Besoin

Marsoin

Babouin

baiser le Babouin

Sagouin

Barragoin

vieux-Oin il s'escrit auec vn St

Ioin conionction

Tintoin

Plus l'Imperatif des verbes en *oindre*, *ioind*.

ON

On particule

AON

Il y a quelques mots qui s'escriuent de la sorte, comme *Paon*, & *Faon*, mais comme l'O ne se prononce pas, ie les ay mis à l'endroit où ils riment

BON

Bon

Bond de bale, le D ne se sent point

faire faux-Bond

faire Bon respondre

tenir Bon

bon-Bon terme d'enfant

Moribond

Furibond

Iambon

Charbon

Charbon apostume

CON

Patacon monoye

Flacon

Flocon

Faucon

Boucon
Tricon
Balcon
Catholicon onguent, liure
Basilicon onguent
Helicon

CON qui se prononce, comme SON, voy SON.

DON

Don present
Dom dignité d'Espagne
Celadon couleur
Bedon tambour d'enfant
Bedon fig. le ventre
Fredon terme de jeu
Fredon de la voix
Cupidon
Guidon estendart
Guidon celuy qui porte l'estendart
Amidon
Mirmidon
Gueridon porte flambeau
Alabandon
Rendon
Tendon
Brandon
Gardon poisson
Lardon
Lardon brocart
Chardon
Pardon
Pardon son de cloche
Pardon Indulgences, il ne se dit en ce sens-là qu'au pluriel
Guerdon
Cordon de chapeau
le Cordon l'Ordre du Roy
Cordon de S.François
Cordon ruban
Cordon terme d'Architecture, de blazon, &c.
Bourdon de pelerin
Bourdon mousche

EON

Cameleon
Thimoleon
Anacreon
Acteon
Pantheon

GEON & ION

Pigeon
gorge de Pigeon couleur
Dongeon
Plongeon oiseau
faire le Plongeon
Haubergeon
Surgeon
Bourgeon de la vigne, &c.
Bourgeon du visage
Esturgeon
Gougeon
Iong herbe
Iong bague
Sauuageon

FON

Chifon
Griffon
Boufon sub.
Boufon adj.
Xenophon
Bellerofon

Plus l'Imperatif du verbe *fondre*, & ses composez *fond*.

GON

Dragon
Dragon fig. meschante personne
Martagon fleur
Parangon
diamant Parangon
Estragon herbe
Patagon
Iargon
Fourgon de four
Fourgon espece de charette

CHON

Bichon petit barbet
Cabochon terme de Lapidaire
Cornichon
Cochon
Cochon fig. gras
Coqueluchon
Manchon
Torchon
Bouchon de tauernes de bouteille, &c.
petit Bouchon
Fourchon

à Califourchon
à Cheuauchon

ION monoſſyl. voy GEON

ION diſ.

BION

Gabion

CION voy SSION

DION

Manicordion
Tourdion

FION

Eſcofion

GION

Contagion peſte
Contagion fig.
Legion
Legion fig. multitude
Region
moyenne Region terme d'Aſtrologie
Religion
Religion Conuent

LION

Lion
Galion
Million
Tabellion
Rebellion

MION

Mion petit garcon
Camion
Endimion

NION

Opinion
Vnion
Deſunion
Reünion
Communion

PION

Pion d'eſchets.
Pion iniure
Principion
Croupion
Eſpion
Champion

Scorpion
Scorpion signe du Zodiac
Morpion

RION

Ambrion
Gerion
Alerion terme de blazon
Psalterion
Brinborion
Horion
Morion
donner le Morion
Centurion
Septentrion
Arion
Orion constellation

SION qui se prononce comme ZION, voy ZION.

SION & CION

Sion montagne
Scion d'arbre
Alcion oiseau
Conuulsion
Expulsion
Dimension
Aprehension
Reprehension
Pension
Suspension
Ascension voy les rimes en ction.
Aspersion
Version
Conuersion changement de Religion
Conuersion terme de guerre
Diuersion
Subuersion
Extorsion
Incursion
Passion
Compassion
Cession
Procession
Concession
Intercession
Succession
Profession condition, vacation
Profession de Religion
Confession

Digreſſion figure de Rhetorique
Digreſſion regle d'Arithmetique
Progreſſion terme d'Arithmetique
Impreſſion
Impreſſion de liures
Opreſſion de maladie
Oppreſſion d'ennemis
Supreſſion
Expreſſion
Poſſeſſion
Poſſeſſion heritage
Miſſion
Pere de la Miſſion
Remiſſion
Remiſſion grace du Roy
Promiſſion
Soumiſſion
Emiſſion
Tranſmiſſion
Amiſſion
Commiſſion
Intermiſſion
Permiſſion
Concuſſion
Perſecution
Diſcuſſion
Iuſſion

TION

ATION

Aprobation
Vacation meſtier, profeſſion
Vacations de Parlement, &c. il ne ſe dit qu'au pluriel
Imprecation
Predication
Adiudication
Verification
Pacification
Edification
Modification
Falſification
Signification
Verification
Glorification
Purification
Notification
Certification
Gratification

Fortification
Iustification
Mortification
Ratification
Sanctification
Amplification
Publication
Aplication
Suplication
Multiplication
Fornication
Communication
Excommunication
Preuarication
Pronostication
Confiscation
Suffocation
Dislocation
Vocation
Euocation
Reuocation
Inuocation
Suffocation
Education

Gradation
Liquidation
Inondation
Fondation

Creation
Procreation
Recreation
Propagation
Legation
Délegation
Subdelegation
Congregation
Instigation
Obligation
Obligation contract
Prolongation
Rogation il ne se dit qu'au pluriel
Subrogation
Supererogation
Abrogation
Interrogation
Purgation

Apreciation
Negotiation
Association
Reconciliation
Annonciation
Denonciation
Renonciation

Pronon-

Prononciation
Amodiation
Expiation
Variation
Excoriation
Tranſſubſtantiation
Deuiation d'aiguille marine
Apellation
Relation
Reuelation
Conſtellation
Iubilation
Compilation
Opilation
Diſtilation
Mutilation
Colation repas
Colation copie
Colation de benefices
Decolation de S. Iean
Immolation
Conſolation
Deſolation
Diſſimulation
Copulation
Intitulation
Emulation

Accumulation
Speculation
Capitulation
Recapitulation
Tranſlation traduction, vieux mot
Tranſlaction de Saint
Contemplation
Declamation
Proclamation
Exclamation
Inflammation
Intimation
Eſtimation
Sommation
Conſommation
Confirmation
Confirmation Sacrement
Reformation
Affirmation
Legitimation
Nation
Profanation
Alienation
Subordination
Imagination
Machination

Inclination
Inclination amourettes
Abomination
Fulmination
Domination
Nomination
Denomination
Illumination
Predestination
Obstination
Resignation
Designation
Indignation
Consignation
Assignation
Damnation
Condamnation
Donation
Carnation terme de peinture
Incarnation
Consternation
Prosternation
Peregrination
Emancipation
Anticipation
Participation
Constipation

Occupation
Extirpation
Vsurpation
Ration de pain
Declaration
Reparation
Reparation d'honneur
Separation
Preparation
Deliberation
Moderation
Confederation
Consideration
Exageration
Alteration
Generation
Veneration
Operation
Admiration
Aspiration
Respiration
Inspiration
Conspiration
Decoration
Adoration
Deploration
Incorporation
Restauration

Procuration
Transſiguration
Abiuration
Coniuration
Celebration
Conſecration
Execration
Narration
Adminiſtration
Demonſtration
Illuſtration
Compenſation
Maluerſation
Conuerſation
Dilatation
Superfetation
Interpretation
Habitation
Citation
Suſcitation
Exercitation
Palpitation
Precipitation
Retractation
Affectation
Delectation
Sollicitation
Viſitation il ne ſe dit que de la B. V.
Exaltation
Conſultation
Exultation
Supplantation
Lamentation
Tranſelementation
Augmentation
Fomentation
Frequentation
Tentation
Preſentation
Repreſentation
Repreſentation de Comedie
Oſtentation
Exhortation

Station d'Egliſe
Manifeſtation
Atteſtation
Proteſtation
Conteſtation
Supputation
Mutation
Salutation Angelique
Eſleuation d'eſprit
Eſleuation du pole, du

Soleil, &c.
Conſeruation
Obſeruation
Preſeruation
Saluation terme de Palais, au pluriel
Priuation

Euacuation
Inſinuation terme de Palais
Continuation
Diſcontinuation
Situation
Eualuation
Taxation
Cotization
Accuſation
Recuſation

CTION

Action
Faction
Faction terme de guerre, eſtre en faction
Putrefaction
Satisfaction
Paction
Fraction
Infraction

Attraction
Detraction
Contraction
Abſtraction
Subſtraction
Diſtraction
Tranſaction
Exaction

Affection
Refection
Infection
Confection
Perfection
Imperfection
Obiection
Eiection
Iniection
Erection
Election
Election ſiege d'Eleus
Complection
Correction
Reſtriction
Direction
Reſurrection

Diction
Prediction

Diuision partage
Benediction
Malediction
Iurisdiction
Indiction terme d'Astrologie
Interdiction
Contradiction
esprit de Contradiction
Fiction
Affliction
Pragmatique-Sanction
Onction
Ionction
Conionction
Disionction
Inionction
Componction
Fonction
Coction
Decoction
Concoction
Deduction
Reduction
Reduction de place
Seduction
Traduction
Production
Production terme de Palais
Destruction
Instruction
Construction

ETION

Repletion
Desertion
vne Discretion terme de jeu
à Discretion terme de guerre
Indiscrection

ITION

Inhibition
Prohibition terme de Palais
Exhibition
Ambition
Tradition
Edition
Sedition
Expedition
Epedition militaire

Erudition
Tradition de l'Eglise
Tradition terme de Palais
Vendition terme de Palais
Reddition de compte
Reddition de place
Condition profession
Condition à telle condition, &c.
perdition
Abolition
Demolition
Definition
Admonition
Munition
Punition
Apparition
Attrition terme de Theologie
Contrition terme de Theologie
Repetition
Repetition de College
Superstition
Acquisition
Perquisition
Inquisition tribunal de Religion

Position
Deposition
Disposition santé
Disposition agilité
Opposition
Imposition
Preposition
Proposition
Composition d'vne place qui se ren
Composition théme
Composition medecine
Supposition
Transposition
Exposition

NTION

Mention
Dimention
Retention terme de Palais
Retention d'vrine
Intention
Detention de prison
Contention
Manutention
Dissention
Contrauention

Preuention
Inuention
Inuention d'vn Sainct
Subuention
Conuention

OTION

Emotion
Promotion
Potion
Deuotion
à sa Deuotion en son pouuoir

PTION

Deception
Reception
Exception
Conception
Inscription
Description
Rescription
Prescription
Proscription
Souscription
Redemption
Exemption
Presomption
Assomption
Consomption
Option
Adoption
Interruption
Corruption
Incorruption

RTION

Portion
Proportion
Disproportion

STION

Bastion
Digestion
Indigestion
Suggestion
Question demande
Question gesne
Question il n'est pas question
Combustion
Adustion
Mixtion

VTION

Atribution

Contributiõ de guerre
Contribution terme de Palais
Diſtribution
Perſecution
Execution
Locution
Elocution
Circonlocution
Repercution

Polution
Solution
Diſſolution
Abſolution de Iuge, de Confeſſeur, &c.
Reſolution
Irreſolution
Euolution terme de guerre
Reuolution
Diminution
Inſtitution
Deſtitution
Reſtitution
Proſtitution
Conſtitution du corps
Conſtitution de rente
Subſtitution

Caution
Precaution

VION

Gauion

XION

Reflexion
Complexion
Fluxion
Defluxion
Ixion

ZION & SION

Occaſion
Occaſion de guerre
Inuaſion
Euaſion
Perſuaſion
Diſſuaſion

Lezion
Deciſion
Inciſion
Circonciſion
Viſion terme de Grammaire
Viſion de Prophete
Viſion fantaiſie

Diuision querelle
Diuision regle d'Arithmetique
Subdiuision

Prouision
par Prouision terme de Palais
Derision

Occision
Effusion
Infusion
Confusion
Allusion
Collusion
Illusion
Conclusion
Exclusion
Contusion

LON

Balon
Galon
Salon
Talon
Pentalon
Estalon
Valon
Houbelon
Felon
Eschelon
Melon
Selon
passe-Filon
Moilon
Poislon
Pilon
Aquilon
Violon instrument
Violon qui ioüe du violon
Violon sot
Frélon
Sablon
Diaculon
Apollon

Long
Plomb ces deux mots peuuent rimer auec les precedents

ILLON

Bâillon
Haillon
Penaillon
Taillon

Bataillon
Billon
Tourbillon
Barbillon petit barbeau
Ardillon
Vermillon
Gremillon
Papillon
Goupillon
Carillon
Chambrillon
Emerillon
Grillon d'escuelle, &c.
Orillon
Orillon au pluriel, maladie
Cotillon
Eschantillon
Tortillon de cheueux, &c.
Tortillon païsane
Postillon
Pauillon corps de logis
Pauillon espece de lit
Pauillon estendart de nauire
Pauillon tente
Boüillon
cour-Boüillon terme de cuisine
Brouillon de lettre
Brouillon iniure
Souillon
Aiguillon
Oizillon
Grezillon au pluriel espece de gesne

MON

Mon
c'est-Mon
Ramon vieux mot
Limon fruit
Limon de charette
Limon fange
Timon de carrosse
Timon gouuernail
Démon
Salomon
Saulmon
Mommon
Sermon
Semond imperat.

NON

Non
Galbanon on escrit Galbanum

Canon artillerie
• Canon d'vn Concile
Canon de la Messe
Canon d'vn mors de cheual
Canon à se botter
droit Canon

Fanon
Gonfanon
Guenon
Guenon iniure
Tenon
Minon chat
vn attrappe-Minon
vn grippe-Minon
Sinon
Chaisnon
Asnon
Iunon
Mongnon
Nom
Renom
Surnom
Pronom l'M sonne comme l'N

GNON

Compagnon camarade
Compagnon hors d'Aprentissage
Escafignon
Chignon
Mignon mignart
Mignon fauory
Lumignon
Pignon de pomme de pin
Pignon de maison
Champignon
Champignon homme de fortune
Porteguignon
Quignon de pain
Maquignon
Oignon
en rang d'Oignon
Rognon
Trognon de pomme
Trognon petite fille
Mangon
Brugnon fruit

PON

Chapon
Fripon sub.

Fripon adj.
Crampon
Coupon de toile
Poupon
Tampon
colin Tampon
Iupon

verbes

Pond
Repond
Correſpond

RON

Baron
Macaron
Fanfaron
Charron artiſan
Caron nautonnier des Enfers
Larron
Marron
Rond le D ne ſe prononce pas
Rond ſoul
Rond franc
Eſquadron
Tendron
Tendron ieune perſonne
Chaûdron ou chauderon
Gaudron
Goudron
Biberon
Laſſeron herbe
Laidron
Mouſſeron eſpece de Champignons
Heron oiſeau
maſſe de Heron
Forgeron
Mouſcheron
Acheron fleuue des Enfers
Buſcheron
Aiſleron de poiſſon
Aiſleron d'habit
Glouteron herbe
Perron
Eſperon
Boucheron
Vigneron
Quarteron
Piqueron
Ciron
Giron
Chiron
Potiron
Auiron

Clairon
Enuiron
le Decoron
Maiſtre Aliboron
ces deux mots s'eſcriuent auec vn V M à la fin
Chaperon
Chaperon de Docteur, de Conſeiller, &c.
Chaperon d'oiſeau
Patron modelle
Patron de nauire
Patron Maiſtre
Citron fruit
Citron couleur
Poltron
Plaſtron
Fleuron
Mourron herbe
Cheuron
Leuron
Leuron fig. ieune hõme

SON & ÇON

Son
Son de farine
Caparaçon
Façon
Glaçon
Maçon
Limaçon
Leçon
Leçon de Matines, &c.
Hameçon
Leſſon herbe
Calleçon
Beſſon germeau
Creſſon
Pliſſon
Sauciſſon
Maudiſſon vieux mot
Marriſſon
Heriſſon
Nouriſſon
Cuiſſon de pain, &c.
Cuiſſon qui fait mal
Friſſon
Boiſſon
Moiſſon
Poiſſon
Poſſon meſure de lait
Taiſſon animal
Taiſſon de pot
Enfançon
Chanſon

Chanſon fig. pour moquerie
Eſchanſon
Rançon
Planſon
Eſtanſon
Pinſon oiſeau
Poinſon tonneau
Poinſon terme d'Orphévrie
Poinſon de diamants
Poinſon à perçer
Tronçon
Soupçon
Arçon
Garçon
Garçon valet
Bourſon
Chauſſon
Eſcuſſon d'armoirie
Eſcuſſon enter en eſcuſſon

SON qui ſe prononce comme ZON, voy ZON

TON

Ton
Ton de Muſique
Ton groſſe mouche, on eſcrit, taon
Thon poiſſon
Ducaton monoye
Chaton petit chat
Chaton d'vne bague
Paton de ſoulier
Raton paſtiſſerie
Rogaton
Facton ou factum
Phaëton
Picton
fil de Laton
Seton
Hanneton
Hanneton iniure
Teton
Ietton à compter
Ietton d'arbre
Ietton de mouches
Reietton
Peton
Marmiton
Pitton de fer
Pithon ſerpent
Tithon
Laiton
Canton vieux mot, coin
Canton contrée

Canton de Suisse
Menton
Ponton
Coton
Peloton de fil
Peloton à espingle
Peloton d'vne bale
Peloton de neige
Peloton terme de guerre
Dicton raillerie
Dicton de sentence, &c.
Carton
Carton terme d'Imprimerie
Chareton
Auorton

Baston
tour de Baston petites volerie
Teston
Feston
Fiston
Bouton d'habit
Bouton de rose d'arbre, &c.
Bouton essleueure
Glouton
Mouton

Toton jeu
vn Factoton ou totum
Triton

Tond Imperatif

VON

Sauon

YON

Rayon du Soleil
Rayon de miel
Crayon à peindre
Crayon portrait

voy ION

ZON & SON

Gazon
Iason
Blazon
Pesson
Garnison
Horison
Guerison
Grison
Prison
Trahison

Tiſon
Eſchaufaiſon
Demangeaiſon
Demangeaiſon fig. enuie de quelque choſe
Coniugaiſon
Liaiſon
Maiſon logis
Maiſon famille
Maiſon naiſſance
Maiſon train
petites Maiſons au pluriel, Hoſpital des foux
Venaiſon
Declinaiſon
Declinaiſon terme d'Aſtrologie
Terminaiſon
Lunaiſon
Raiſon
Comparaiſon
Oraiſon priere
Oraiſon harangue
Peroraiſon
Saiſon
arriere-Saiſon
Oiſon
Oiſon iniure
Foiſon
Paſmoiſon
Cloiſon
Poiſon
Contrepoiſon
Toiſon peau de brebis
Toiſon Ordre d'Eſpagne
Camuſon

VN

Vn
trente & Vn jeu
c'eſt tout-Vn
Aucun
Chacun
Quelqu'vn
Commun
lieu Commun
Petun
Importun
Opportun
viſage Brun
temps Brun ſombre
clair-Brun
Verbrun
Tribun
à Ieun
Parfum

Alum

Alum
Emprunt
Deffunt le T ne se prononce point à ces deux derniers mots

O

O lettre de l'Alphabet
Dabo
Bobo terme d'Enfant
Vertigo mal de teste
Vertigo grain de folie
tout Dego
Clio muse
Glorio
in Folio ter. &c. d'Imprimerie
Domino capuchon
Haro
Lero
Numero de Marchand
Numero entendre le numero
Zero
Incognito
qui pro Quo
un Iuge à Quo
Presto terme de charlatan

O bref

Echo
à Gogo
Hoho

P

AP

de pied en Cap
Hañap
Drap

EP

Sep lien, au pluriel
Sep de vigne
Iulep

AMP

Camp
Mestre de Camp
Mareschal de Camp
lit de Camp
Champ
sur le Champ à l'instant
Voy ANT.

OP

Galop

Q

Sirop
Trop

OVP

Oup terme pour apeller quelqu'vn
Coup boire vn coup, &c.
Coup de poin, de baston, &c.
tout à Coup à l'instant
coup sur Coup
vn contre-Coup
Beaucoup
Loup
Loup vlcere
entre chien & Loup

Q

Voy les rimes en C

R

AR

Car
Char
fil de Richar
Mar de pressoir
Mar à peser, le C ne se prononce pas
Iaquemar d'Orloge
Calemar
Coquemar
Braquemar
Traquenar le T ne se sent point
Par
Nectar
Petar le D ne se sent point
A l'instar
Cesar

Plus voy les mots en *ard*, & *art* où le T ne se prononce point en la plus-part des mots.

ER

BER

Gaber
Inhiber
Prohiber
Inhiber
Eniamber
Flamber ietter de la flame
Flamber passer sur le feu
Enflamber de colere

Regimber
Succomber
Plomber
Plomber de coups
Tomber

Gober
Hober
Dérober
Dérober vn escalier, &c. terme d'Architecture.

Esbarber
Engerber
Perturber
Embourber
Desembourber
Courber
Fourber

Dauber
Adouber
Radouber

CER voy SER

DER

Gambader
Barricader
Escalader
Taillader
Oeillader
Pennader
Degrader des armes, &c.
Dégrader vn bois, &c.
Retrograder
Euader
Persuader
Dissuader

Ceder
Déceder
Predeceder
Preceder
Conceder
Proceder
Proceder terme de Palais
Succeder à quelqu'vn
Succeder reüssir.
Superceder
Interceder
Exceder
Exceder terme de Palais
Exhereder
Posseder
Deposseder

Décider

Valider
Inualider
Consolider
Intimider
Lapider
Rider
Brider
Débrider
Débrider fig. faire quelque chose à la haste
Cuider
Guider
Liquider
Deuider
Vuider
Resider
Presider

Aider
Plaider

Bander terme de jeu de paume
Bander vn pistolet
Bander vne playe
Bander s'opposer contre quelqu'vn
Débander
Débander d'vn Regiment

Brigander
Marchander
Marchander fig. marchander à faire quelque chose
Aprehender
Aprehender terme de Palais
Affriander
Achalander
Mander
Contremander
Demander
Amender croistre
Amender vne faute
Caimander
Commander
Commander vne armée
Gourmander
Vilipander
Reprimander
Faisander

Rescinder vn contract
Guinder

Abonder
Debonder
Seconder

Redonder
Fonder vne maiſon
Fonder vn Conuent, &c.
ſe Fonder en raiſon
Emonder
Inonder
Gronder mener du bruit
Gronder murmurer, faire mauuaiſe mine
Sonder
Sonder fig. d'vne affaire
Sonder terme de Chirurgie

Infeoder
Accommoder
Incommoder
Broder

Barder
Debarder du bois
Carder
Brocarder
Darder
Farder
Garder
Contregarder
Engarder
Regarder
Harder troquer
Larder
Entrelarder
Paillarder
Renarder
Mignarder
S'accagnarder
Tarder
Retarder
Hazarder
Nazarder

Border vn habit
Border la muraille terme de guerre
Déborder d'vne riuiere
Deborder fig. s'emporter
Aborder
Corder du bois
Corder d'vne raue
Demanicorder
Recorder ſa leçon
Accorder vn different
Accorder vn lut
Deſacorder
Diſcorder

Ourder vne maiſon
Bourder

Eſchafauder
Clabauder
Eſchauder
Baguenauder
Pelauder
Rauder
Frauder
Bretauder
Rauauder
Eluder
Preluder
Bouder grondeṛ
Accouder
Souder

EER

Feer
Creer
Creer des Offices, &c.
Recreer reſioüir
Procreer
Concréer terme de Chimie
Agreer
Deſagreer
Maugréer

FER

Piafer
Parafer
Agrafer
Dégrafer

Greffer

Bifer
Debifer
Brifer
Grifer
Atifer

Coifer
ſa Coifer de quelqu'vn
Decoifer

Triomfer

Eſtofer
Philoſofer

Buffer
Truffer

Chaufer
Reſchaufer
Eſchaufer

Boufer eſtofe qui bouſe

Boufer estre en colere
Estoufer

GER

Noms

Peager
Menager
Passager sub.
Passager adj.
oiseau Passager
Messager
Potager
Danger
Boulanger
Manger
blanc-Manger
Gardemanger
Franger
Oranger
Estranger
Linger
Mensonger
Horloger
Berger
Verger

verbes

Saccager
Gager
Engager
Desgager
Desgager demesler, degager de la meslée, &c.
Voyager
Soulager
Endommager
Nager
Apanager
Menager
Desmenager
Rager
Enrager
Ombrager
Outrager
Encourager
Descourager
Ouurager
Fourrager
Auantager
Desauantager
Partager
Rauager
Presager
Enuisager
Desvisager
Assieger

Alleger
Abreger
Rengreger
Congreger
Proteger
Neiger
Pleiger

Rediger
Figer
Colliger
Obliger faire plaisir
Obliger contraindre
Obliger par contract
Desobliger
Afliger
Negliger
Eriger vne statuë, vn fief, &c.
s'Eriger en honneste homme, en railleur, &c.
Diriger
Corriger
Mitiger
Voltiger
Castiger
Fustiger
Nauiger
Exiger
Transiger

Engager
Desengager
Vendanger
Changer
Eschanger
Meslanger
Boulanger
Manger
Manger fig. la riuiere mange, &c.
Demanger
Demanger auoir enuie
s'Entremanger se quereller
Ranger
Arranger
Déranger
Estranger
Venger
Louanger

Alonger
Plonger
Plonger dans l'eau
Plonger vn poignard dans le sein
Ronger
Songer faire vn songe
Songer penser

Loger
Deloger
Déroger
Abroger
Subroger

Charger vn fardeau
Charger vn piſtolet
Charger dõner charge
Charger l'ennemy
Charger de l'or, terme de monoye
Deſcharger
Encharger
Surcharger

Heberger
Submerger
Aſperger

Forger
Forger inuenter
Gorger
Engorger
Rengorger
Deſgorger
Regorger
Eſgorger

Purger

Iuger
Adiuger
Iauger
Bouger

CHER

noms

Vacher
Plancher
Cocher
Clocher
Nocher
Rocher
Archer tireur d'arc
Archer charge
Porcher
Peſcher
fleur de Peſcher couleur
Buſcher
Boucher
Coucher du Soleil, &c.
Gaucher

verbes

Cacher
Eſcacher
Hacher
Hacher terme de peintre

Enharnacher
Desharnacher
Arracher
Cracher
Enſacher
Tacher
Détacher
Attacher
Détacher
Entacher
verbes
Becher oiſeau qui beche
Becher remuer la terre
Leſcher
Alecher
Pecher
Ebrecher
Secher
Secher maigrir, languir

Ficher
Afficher
Nicher
Denicher des oiſeaux
Denicher deſplacer
Defricher
Tricher

Dehancher il n'y a que le participe qui ſe dit
Emmancher
Deſmancher
Endimancher
Pancher
Eſpancher
Brancher d'vn oiſeau
Brancher ſe dit d'vn pendu
Esbrancher
Eſtancher
Trancher
Trancher du grand Seigneur, &c.
Retrancher vn Camp
Retrancher de ſon train
Retrancher les terres, terme d'Agriculture
Reuancher

Ioncher
Broncher

Décocher
Hocher vieux mot
Elocher
Clocher
Pocher

Empocher
Brocher d'or
Brocher vn liure
Brocher des esperons
Embrocher
Acrocher
Aprocher
Reprocher vn bien fait,
Reprocher des tesmoins

Marcher
Chercher
Rechercher en mariage
Escorcher
Escorcher fig. vn mot &c.
Torcher
Fourcher se dit d'vn chemin, &c.
Fourcher se dit des cheuaux
Fourcher dire vn mot pour vn autre, sur tout quand le mot est sale

Fascher
Gascher terme de maçon

Lascher
Délascher
Relascher de ses interests
Relascher terme de mer
Mascher
Demascher deguerpir
s'Amourascher
Tascher

Pescher
Depescher enuoyer, se haster
Depescher pendre, tuer
Empescher
Prescher

Embuscher
Trebuscher
Hucher
Iucher
Esplucher
Eplucher fig. examiner

Boucher
Emboucher vn cheual
Emboucher vn messager

Emboucher vn canon
Aboucher
Coucher
Acoucher
Découcher
Moucher
Esmoucher
Escarmoucher
Effaroucher
Toucher fraper
Toucher atteindre
Toucher vn point dans vn discours
Toucher esmouuoir
Toucher de l'or
Attoucher vieux mot

Esbaucher
Desbaucher
Cheuaucher aller à cheual
Cheuaucher long & court, terme d'escurie

IER monosyllable

BIER monof.

Gibier
Colombier
Barbier
Herbier il ne se dit guere qu'au feminin
Bourbier
Destourbier

CIER & SIER

monof.

Acier
Carnassier
Plumassier
Massier
Putassier
Fessier
Messier
Beneficier
Officier
Megissier
Tapissier
Epicier
Nouricier
Pastissier
Iusticier
Huissier
Credencier
Confidencier terme de benefices
Audiencier
Lancier
vn chaud Lancier

Financier
• Despencier
Penitencier
Censier
Deuancier
Dieu Nopcier
Dossier
Carrossier qui fait des carosses
Grossier adj.
Grossier marchand grossier
Sorcier
Boursier
Coursier

DIER monos.

Brigadier
Saladier plat à mettre salade
Grenadier arbre
Landier
Taillandier
Brelandier
Amandier
Lauandier
Viuandier
Loudier
Hallebardier
Bombardier
Moutardier
Verdier oiseau
Cordier
Baguenaudier iniure

FIER monos.

Estafier
Greffier

HIER monos.

Hier
Auanthier

Voy ER rude, ou l'R dont l'E est plus ouuert

LIER monos.

Halier buisson
Halier filer
Escalier
Malier cheual de poste
Iournalier
Espalier de iardin
Espalier de galere
Hospitalier
Caualier homme de cheual

Caualier qui suit les armes
Caualier terme de fortification
Cheualier
Cheualier de l'Ordre
Tablier à iouer
Tablier de femme
Bouclier
Bouclier fig. defence
Chandelier qui fait la chandelle
Chandelier à mettre la chandelle
Bordelier
Cordelier
Chancelier
Baschelier
Sommelier
Tonnelier
Belier
Belier machine de guerre
Celier à mettre le vin
Scellier qui fait des scelles
Chappelier
Bourrelier
Atelier
Battelier

Ratelier d'arme
Ratelier d'Escurie
Ratelier de dents
Hostellier
Coutelier
Fuselier
Grosilier
Sanglier
Espinglier

Millier
Huillier
Tuillier
Pilier
Colier
Colier de l'Ordre
Escolier
Escolier fig. nouice
Geolier
Violier
Templier
Templier iniure
Peuplier arbre

Pistolier,
bon Volier qui va bien à la voile
Bandoulier
Roulier

Boyau culier

•

MIER monos.

Damier
Ramier oiseau
Premier
Cimier d'vn casque
Cimier de cerf, de bœuf, &c.
Limier

Palmier
Pommier
Sommier poûtre
Sommier cheual de somme
Sommier mattelas de crin
Sommier de chenet
Fermier
Cormier
Fumier
Coutumier adj.
Coutumier liure de coustume

•

NIER monos.

Tissutier Rubanier
Lanier oiseau de proye
Asnier
Safranier
Cazanier
Panier
porte-Panier

Palfrenier
Grenier
Denier monoye
Denier poids
gagne-Denier
Denier au plurier signifie argent, il a de grands deniers
Centenier
Cinquantenier
Quartenier
Fontenier
Dizenier

Iardinier
Parcheminier
Marinier
Matinier
Cuisinier

Garennier
Charbonnier
Charbonnier lieu où l'on met le charbon

Fauconnier
Chaudronnier
Esperonnier
Limonnier
Aumosnier subs.
Aumonier adj.
Canonnier
Friponnier
Garsonnier il ne se dit guere qu'au feminin
Poissonnier
Citronnier arbre
Comparsonnier
Pautonnier iniure
Nautonnier
Prisonnier
Gonfanonnier digni-té d'Italie

Charnier
Dernier
Lanternier
Lanternier iniure
Tauernier
Fournier
Fournier terme de bil-lard

Meusnier
Meusnier poisson

Prunier
Saunier

PIER monos.

Clapier
Papier
Drapier
Fripier
Tripier
Pourpier
Soupier

RIER mo[illegible]s.

La pluspart de ces mots se font d'vne syllabe, mais ils sonnent cõme s'ils estoient de deux

Arbalestrier
Sucrier
Cendrier
Calendrier
Baudrier
Coudrier
Poudrier

Pierrier espece de ca-non
Terrier rôle de terre

Terrier

Terrier de garenne
Verrier
Guerrier
Gaufrier
Vinaigrier celuy qui fait le vinaigre
Vinaigrier où l'on met le vinaigre
Poirier
Tresorier
Meurtrier
Plastrier
Estrier
Arbalestrier
Menestrier
Salpestrier
Patenostrier
Vitrier
Laurier
Beurrier il se dit plutost au feminin
Feurier mois
Chevrier
Levrier
Meurier arbre
Armeurier
Courrier
Ouurier
Manouurier

Fourrier
Serrurier
Droiturier
Voiturier
Auanturier
Ceinturier
Teinturier
Roturier
Couturier
Vzurier

SIER qui se prononce comme ZIER Voy ZIER monos.

SIER voy CIER monos.

TIER monos.

Datier arbre
Nattier
Regratier
Pelletier
Eguilletier
Muletier
Pannetier
Grenetier
Bonnetier
Papetier

R

Cabaretier
Courtier de banque
Courtier fig. d'amour
Septier
demy-Septier
Chauſſetier
Sauetier
Sauetier iniure, pour peu habile
Coquetier
Miroitier
Heritier
Fruitier adi. arbre fruitier
Fruitier plat à fruits
Fruitier verger
Fruitier qui vend des fruits
Vſufruitier
Gantier
Argentier
Chantier où l'on vend le bois
Chantier qu'on met ſous les tonneaux
Eſglantier
Paſſementier
Charpentier
Sentier
Rentier
Pourpointier
Abricotier
Gargotier
Potier
terre à Potier
Maltotier
Chartier
Quartier le quart
Quartier d'vne Ville
Quartier d'armée
Quartier donner quartier, compoſition
Quartier ſeruir par quartier
Cartier qui fait des cartes
Mortier à piler
Mortier à baſtir
Mortier Preſident au Mortier
Portier
vn grand Baſtier iniure
contre-Haſtier
Foreſtier
Foreſtier Eſtranger
Meſtier vacation
Meſtier ſur quoy on trauaille

petit Mestier patisserie
gaste-Mestier
auoir-Mestier pour besoin
Benoistier
Monstier
Tissutier
Charcutier
Psautier
vieux Routier
Banqueroutier

VIER monos.

Clauier à mettre des clefs
Clauier d'epinette
Grauier
Leuier
Espreuier oiseau
Espreuier filet
Oliuier
Viuier
Ianuier
Loup Ceruier
Enuier
Pluuier oiseau
Bouuier

GVIER monos.

Figuier
Languier de pourceau

QVIER monos.

Eschiquier
Piquier
Banquier
Perruquier

ZIER & SIER monos.

Brasier
Gesier d'oiseau
Alizier
Cerisier
Merisier
Fraizier
Framboizier
Menuizier
Ozier
Gozier
Rozier
Harquebuzier

IER dis.

CIER & SIER
dissyllabe

Scier
Aprecier
Preiudicier
Officier
Licencier
Sentencier terme de Palais

Negocier
Associer
Remercier
Soucier

DIER diss.

Dedier vne Eglise
Dedier vn liure
Congedier
Remedier
Expedier donner les depesches
Expedier pendre
Mandier
Amodier
Psalmodier
Repudier
Estudier il y en a qui font ce mot d'vne sillable.

FIER diss.

Fier
Mefier
Défier
Confier
Ortografier
Putrefier
Liquefier
Pacifier
Specifier
Falcifier
Crucifier
Versifier
Diuersifier
Edifier bastir
Edifier son prochain
Modifier
Qualifier
Mollifier
Bonnifier
Magnifier
Signifier
Clarifier
Verifier
Glorifier
Purifier

Sacrifier
Petrifier
Beatifier
Certifier
Gratifier
Fructifier
Fortifier vne place
se Fortifier deuenir robuste
Mortifier faisander
Mortifier matter
Iustifier
Ratifier
Notifier
Sanctifier
Testifier
Amplifier
Scarifier

GIER diss.

Priuilegier
Effigier
Refugier
Bougier

CHIER diss.

Chier

LIER diss.

Lier
Lier vne partie, la conclure
Delier
Relier vn liure
Alier des metaux
s'Allier faire alliance
Ralier des troupes
Balier
Palier colorer

Reconcilier
Humilier
Filier

Melancolier
Plier
Plier fig. se soumettre
Desplier de la marchandise
Desplier le bras
Multiplier
Suplier
Oublier
Publier

MIER diss.

Esmier

NIER diff.

Nier
Dénier
Manier toucher
Manier des affaires
Calomnier
Communier
Excommunier

PIER diff.

Pepier oiseau qui pepie
Pepier de soif
Copier
Estropier
Estropier vne narration, &c
Estropier vne figure, terme de Peinture
Espier
Toupier
Toupier fig. tournoyer
Expier

RIER diff.

Charrier
Charrier la riuiere charie
Salarier
Marier
Démarier
Parier
Apparier
Apparier fig. marier
Déparier
Contrarier
Varier

Abrier
Crier
s'Escrier
Descrier
Descrier fig. perdre de reputation
Inuentorier
Historier

Prier
Déprier
Aproprier
Trier
Rapatrier
Seigneurier
Iniurier

SIER qui se prononce comme ZIER, voy ZIER diff.

SSIER voy CIER diss.

TIER diss.

Chastier

VIER diss.

Obuier
Abreuier
Enuier porter enuie
Enuier le jeu

zIER & SIER dissyllable

Rassasier
Apostazier
Fantazier

LER

Aller
c'est son pis Aller
Baler
Debaler
Embaler
Embaler fig. attraper
Debaler
Brimbaler

Caler
Caler fig. s'humilier
Galer
Egaler
Régaler
Exhaler
Signaler
Empaler
Saler
Saler estre cher
Estaler
Destaler fig. debusquer
Instaler
Aualer
Aualer descendre
Raualer rabatre
Deualer
Cheualer

Gabeler
Rebeller
Celer
Déceler
Receler
Chanceler
Estinceler
Amonceler
Harceler

Ensorceler
Desensorceler
Sceller vn cheual
Ruisseler
Bosseler
Geler
Congeler
Cordeler
Flageler
Escheler
Emmieller
Ressemeler
Grommeler
Creneler
Peler
Epeler
Chappeler
Carler des bottes
Carreler vne chambre
Bourreler
Atteler
Dételer
Detaler fig. quitter le trauail
Denteler
Demanteler
Emmanteler
Panteler
Escarteler

Escarteler ter. de blazō
Marteler
Boteler
Sauteler
Reueler
Escheueler
Renouueler
Niueler
Grineler
Ecerueler on ne le dit guiere qu'au part.
Cizeler
Emmuseler
Vaciler
Filer
Filer terme de guerre
Filer doux
Affiler
Défiler terme de guerre
Enfiler
Enfiler terme de trictrac
Piler
Opiler
Desopiler
Compiler
Stiler
Distiler
Mutiler

Exiler
Huiler
Voiler

Branler
Esbranler

Coler
Décoler
Décoler vn homme
Décoler se descouurir la gorge
Recoler des tesmoins
Accoler
Bricoler
Doler terme de tonnelier
Flageoler
Cageoler
Rigoler
Affoler
Caprioler
Violer sa parole
Violer vne fille
Immoler
Rossignoler
Equipoler
Monopoler
Consoler
Dessoler le pied d'vn cheual
Voler
Voler chasse d'oiseau
Voler desrober
Conuoler en secondes nopces
Desoler

Parler
vn Pourparler
Ourler
Hurler

Hasler au Soleil
Hasler des chiens
Hasler remonter des batteaux
Déshasler
Mesler
Mesler des cartes
se Mesler s'ingerer
Démesler d'vne affaire

Besler
Seeller
Gresler
Vesler
Fresler

Enrôler
Contrôler
Controler reprendre

Acculer
Reculer
Speculer
Calculer
Articuler
Esculer
Maculer
Immatriculer
Defuler defubler
Coaguler
Pulluler
Dissimuler
Accumuler
Annuler
Stipuler
Capituler
Intituler
Gesticuler
Postuler
Brûler

Gauler
Eniauler
Miauler
Piauler

Espauler rompre l'espaule
Espauler apuyer
s'Esgueuler
Desgueuler

Sabouler
Esbouler
Tribouler
Couler
Couler à fons
Couler fig. introduire
Escouler
s'Escouler s'esquiuer
Descouler
Fouler
Débagouler
Engouler
Mouler
en faire Mouler
Empouler vn vers
Rouler
Crouler
Escrouler
Saouler s'enyurer
Saouler fig. se lasser

BLER

Habler
Acabler
Endiabler
Sabler
Affabler

Ribler vieux mot
Cribler

Ambler aller l'amble
Embler derober
Trembler
Sembler
Affembler
Reffembler
Combler

Affubler
Meubler
Démeubler
Doubler
Dedoubler
Troubler
ſe Troubler de venir fol
ſe Troubler ſe brouiller

CLER

Raſcler
Racler le boyau, iouër mal d'vn inſtrument
Sarcler
Baſcler
Debaſcler
Boucler vne cauale
Boucler les cheuaux
Déboucler

FLER

Rafler
Eſrafler
Renifler
Eſcornifler
Rifler
Chifler
Chifler boire bien
Sifler
Enfler
Enfler les joües, jeu de laquais
Deſenfler
Gonfler
Ronfler
Emmoufler

Soufler se dit du vent, de la bouche, &c.

Soufler trauailler en chymie

Soufler à vn Escolier ce qu'il doit dire

Soufler vn verre, le faire

Soufler vn feu, l'allumer

Soufler vne chandelle, l'esteindre

Soufler de la viande, terme de boucher

Boursoufler

Emmitoufler

GLER

Reigler tirer des lignes

Reigler ordonner, arrester, conclurre

Reigler mettre dans l'Ordre

Sangler

Sangler fesser, on le dit aussi figurement pour mettre à la raison

Estrangler

Cingler en mer

Singler auec vne verge

Iongler

Cingler mugir

Aueugler

ILLER

Noms

Garçailler

Clinquailler

Quinquailler

Poulailler

Pailler

Oreiller

Conseiller

Bouteiller

Cueiller

Marguillier

Noiziller

Groseiller

Quiller

Cornoüiller arbre

Pouiller

Pouiller bicoque

verbes

Baailler

Bailler

Cailler

Escailler

Carçailler
Mailler perdreaux qui commencent à mailler
Esmailler
Desmailler son harnois
Rimailler
Criailler
Piailler
Chamailler
Tenailler
Railler
Brailler
Tirailler
Esmailler
Desbrailler
Tailler
Tailler terme de Chirurgie
Entailler
s'Entretailler
Batailler
Trauailler
Trauailler vn cheual
Enuitailler

Babiller
Habiller
Habiller escorcher, terme de boucher
Brandiller
Pandiller
Fourmiller
Echeniller
Piller
Piller se dit d'vn chien
Piller patience
Gaspiller
Esparpiller
Gouspiller
Houspiller
Briller esclater
Briller terme de chasse
Driller
Griller
Griller mettre des grilles
Estriller
Estriller donner le foüet
Siller
Dessiller
Reconciller
Bourciller
Sourciller
Brasiller
s'Egosiller
Petiller

Petiller eſtre inquiet
Fretiller
Tortiller
Tortiller dans les affaires
Deſtortiller
Entortiller
Crouſtiller
Couſtiller

Cheuiller
Quiller
Recoquiller
Eſcarquiller

Sommeiller
Appareiller
Conſeiller
Veiller
Eſueiller
Emerueiller

Effeuiller
Barbouiller
Barbouiller fig. peindre mal
Desbarbouiller
Eſcarbouiller
Bredouiller
Farfouiller
Gargoullier
Mouiller
Mouiller l'ancre
Agenouiller
Grenouiller dans l'eau
Grenouiller s'enyurer
Foullier
Pouiller
Eſpouiller
Deſpouiller ſe deueſtir
Deſpouiller fig. ſe demettre de ſa charge &c.
Roüiller
Crouiller
Brouiller
Embrouiller
Desbrouiller
Souiller
Chatouiller
Gazouiller

PLER

Tripler
Quadrupler
Centupler, &c.
Contempler
Peupler

Depeupler
Coupler
Accoupler
Decoupler

MER

Recamer
Damer terme du jeu de Dames
Damer donner qualité de Dame
Desdamer
Diffamer
Affamer
Declamer
Reclamer appeller à ſon ſecours
Reclamer vn oiſeau
Proclamer
Enflamer
Ramer tirer à la rame
Ramer des poids
Tramer ourdir
Tramer fig. vne trahiſon
Eſtamer
Entamer

Semer

Décimer
Redimer
Limer
Limer fig. vſer
Limer fig. des ouurages d'eſprit
Animer encourager
Animer terme de peinture
Enuenimer
Rimer
Eſtimer
s'eſcrimer fig. ſe deſmeſler bièn de quelque choſe
Primer à la paume, &c.
Primer deuancer
Reprimer ralentir
Opprimer
Suprimer
Imprimer
Imprimer fig. yure
Exprimer
Intimer
Eſtimer
Meſeſtimer

Aimer
Calmer

Commer
Gommer
Chommer vne feste
Chommer manquer de besogne
Gentil-hommer
Nommer
Renommer il ne se dit guere qu'au part.
Surnommer
Pommer terme de iardinage
Sommer
Assommer
Consommer

Armer mettre des gens sur pié
S'armer
Desarmer
se Gendarmer
Alarmer
Charmer

Germer
Fermer
Enfermer
Affermer
Affirmer
Infirmer vne Sentence
Confirmer
Confirmer terme de Theologie
Former
se Former mettre en forme, terme de chasse
Informer
Desformer
Conformer
Transformer
Gourmer vn cheual
Gourmer battre
Blasmer
Pasmer
Blasphémer
Escrémer
Abismer
Dismer

Escumer le pot
Escumer sur mer, voler
Fumer faire fumée
Fumer vn jambon
Fumer la terre
Fumer estre en colere
Fumer prendre du tabac
Enfumer
Parfumer

Humer
•Inhumer
Allumer
Plumer
Plumer fig. despouiller
Déplumer
Emplumer
se R'emplumer
Enrumer
Desenrumer
s'Accoustumer
Apostumer
Resumer vn argument
Presumer
Embaumer
Empaumer

NER

Chicaner
Ricaner
Profaner
Profaner mes-vser
Habaner
Glaner
Planer du bois
Planer terme de volerie
Emaner
Trepaner
Empaner
Taner
Vanner

Forcener
Fener
Aliener son bien
Aliener d'esprit, il ne se dit qu'au part.
Halener
Poullener
Embrener fig. embarasser
Refrener
Grener
Engrener
Esgrener
Errener
Mener
Amener
Ramener terme d'Escuyer
Demener
Malmener
Emmener
Estrener
Estrener n'auoir encor rien vendu
Assener
Acertener

Enraciner
Desraciner
Medeciner
Fasciner
Signer
Assigner
Soussigner
Consigner le G ne se prononce point à tous ces mots
Bassiner vn lit
Baßiner vne blessure
Baßiner fig. railler
Assassiner
Assassiner importuner
Houßiner
Badiner
Dandiner
Affiner de l'or, &c.
Affiner du fromage
Affiner tromper
Raffiner
Confiner
Imaginer
Machiner
Eschiner
Caliner
Dodeliner
Pateliner

Decliner
Decliner terme d'Astrologie
Decliner terme de Grammaire.
Incliner
s'Incliner
Discipliner

Miner
Contreminer
Contaminer
Examiner
Examiner vser
Cheminer
Acheminer
Effeminer
Fulminer vne bule
Fulminer estre en colere
Abominer
Dominer
Illuminer
Ruminer
Ruminer resver à quelque chose
Terminer
Determiner
Exterminer
Rapiner

Opiner
Chopiner
Enfariner
Enteriner
Chagriner
Vriner
Buriner
Tabouriner
Endoctriner

Patiner
Pictiner
Trotiner
Butiner
Conglutiner terme de Medecine
Mutiner
Encourtiner
Mastiner
Mastiner gourmander
Destiner
Predestiner
Festiner
Obstiner
s'Auiner
Deuiner
Embeguiner
Acoquiner
Damasquiner

Pleuuiner
Ruiner
Aluiner vn estang
Bruiner
Resigner
Voisiner
Auoisiner
Cousiner
Cuisiner
Enchaisner
Deschaisner
Enguainer
Rangainer
Desgainer
Desgainer se battre
Traisner
Entraisner

Gesner
Peiner

Damner
Condamner
Condamner vne porte, &c.
Moyenner
s'Abonner
Charbonner
Gasconner

Façonner
Maçonner
Rançonner
Estançonner
Tronçonner
Espoinçonner
Soupçonner
Garsonner
Desarçonner
Sonner
Sonner du cor, de la trompette, &c.
Caparassonner
Moissonner
Frissonner
Donner
Donner du cor &c.
Donner choquer
Donner piquer, donner des esperons
Adonner
Fredonner
Abandonner
Bondonner
Pardonner
Guerdonner
Ordonner
Desordonner
Cordonner
Bourdonner
Chifonner
Grifonner
Boufonner
Parangonner
Iargonner
Bourgeonner
Fourgonner
Bouchonner vn cheual
Bouchonner chifonner
Gabionner
Espionner
Passionner
Collationner vn papier
Collationner faire collation
Actionner
Pactionner
Affectionner
Refectionner
Perfectionner
Cautionner
Proportionner
Questionner
Mixtionner
Occasionner

Mentionner
Intentionner
Conditionner
Disproportionner
Complexionner ces quatre ou cinq mots ne sont en vsage qu'au part.
Galonner
Talonner
Bâillonner
Carillonner
Sillonner
Violonner joüer du violon
Violonner dire des sottises
Aiguillonner
Bouillonner
Ramonner la cheminée
Marmonner
Sermonner
Canonner
Asnonner
Rognonner
Masquignonner
Chaponner
Friponner
Cramponner
Gauderonner

Esperonner,
Enuironner
Couronner
Chaperonner vn oiseau
Deschaperonner d'vne femme
Tonner
Pietonner
Mitonner du potage
Mitonner fig. vne affaire
Entonner du vin
Entonner vn air
Détonner
Bastonner
Embastonner
Estonner
Testonner
Testonner fig. mal-traiter de fait ou de paroles
Cotonner
Cantonner
Boutonner des arbres
Boutonner du visage
Boutonner d'vn habit
Sauonner
Rayonner
Crayonner

Gazonner
Blazonner
Blazonner iniurier
Resonner
Raisonner
Arraisonner
Asaisonner
Foisonner
Empoisonner
Grisonner
Emprisonner
Tisonner
Incarner terme de Theologie
Incarner terme de Chirurgie
Acharner
Décharner
Marner des terres

Berner
Cerner
Decerner
Decerner des honneurs

Discerner
Concerner
Lanterner
Prosterner

Hyuerner
s'Hyuerner
Gouuerner
Gouuerner quelqu'vn, le posseder
Orner
Borner
Suborner
Corner
Corner sentir mauuais
Corner les oreilles me cornent
s'Encorner
Escorner
Flagorner

Aiourner
Seiourner
Enfourner
Enfourner fig. commencer
Tourner faire vn tour
Tourner la broche
Retourner reuenir
Retourner vn habit
Atourner
Destourner
Entourner pour entourer

Contourner
• Disner nom
Disner
Ieusner
Deieusner nom
Deieusner
Prosner
Détroner
Aulner
Petuner
Importuner

GNER

Gagner
Accompagner
Regner
Rechigner
Guigner
Barguigner
Aligner
Forligner
Cligner
Trepigner
Pro uigner
D esigner
Indigner
Baigner
Daigner
Dedaigner
Peigner
Saigner
Enseigner
Bienveigner
Eloigner
Coigner
Tesmoigner
Empoigner
Chagrigner
Hogner
Rongner
Rongner des pistoles, &c.
R'enfrogner
Grongner
Soigner
Besongner
Yurongner
Hargner
Espargner
Esborgner
Lorgner
Repugner
Impugner
Expugner

noms

Chataigner

Guigner
Coigner

PER

Haper
Iaper
Eſchaper
Laper
Draper vn carroſſe
Draper railler
Fraper
Atraper
ſe Détraper
Saper
Taper les cheuaux
Taper fraper
Emanciper
s'Emanciper
Anticiper
Participer
Equiper
Piper des oiſeaux
Piper au jeu
Piper fig. s'entendre parfaittement à quelque choſe
Friper manger
Friper ſalir
Griper
Eſtriper
Diſſiper
Conſtiper
Camper
Decamper
Eſcamper
Raper
Remper
Remper fig. des choſes d'eſprit
Remparer
Tremper
Tremper vne lame
Tremper dans vne affaire, eſtre complice
Detremper
Attremper
Grimper
Tromper
Detromper
Choper
Eſcloper il ne ſe dit qu'au part.
Enueloper
Déueloper
Galoper
Eſcarper
Harper

Extirper
• Vſurper
Iaſper
Occuper
Preoccuper
Duper
Huper
Couper
Couper terme du jeu de carres
ſe Couper ſe contredire
Découper
Houper
Souper
Souper nom
Eſtouper
Deſtouper
s'Attrouper

RER

Eſgarer
Declarer
Demarer
Parer euiter
Parer vn cheual, l'arreſter, terme d'Eſcuyer
Parer le pied d'vn cheual
Parer orner
Parer du cuir
Parer du fruit
Reparer
Separer
Separer mary & femme
Preparer
Emparer
Remparer
Deſemparer
Comparer

Deliberer
Acerer
Vlcerer
Macerer
Inſerer
Moderer
Conſiderer
Déferer
Déferer accuſer
Referer
Preferer
Differer
Proferer
Inferer
Conferer
Transferer
Digerer

Digerer fig.
Singerer
s'Inggerer
Adherer
Tolerer
Remerer terme du Palais
Degenerer
Regenerer
Remunerer
Operer
Temperer
Obtemperer
Esperer
Desesperer
Prosperer
Reïterer
Inueterer il ne se dit guere qu'au part.
Alterer
Alterer les metaux, la santé, &c.
Auerer
Reuerer
Perseuerer
Cirer
Deschirer
Mirer
Mirer viser

Admirer
Respirer
Aspirer terme de Grámaire
Souspirer
Empirer
Inspirer
Conspirer
Expirer
Desirer
Tirer
Tirer vn pistolet, &c.
Tirer de l'or
Attirer
Martirer
Virer
Esclairer
Flairer
Foirer percer
Foirer chier
Arborer
Coroborer
Decorer
Picorer
Dorer
Adorer
Forer
Meliorer

Ameliorer
•*Deteriorer*
Certiorer
Colorer
Colorer fig. d'vne affaire, &c.
Decolorer
Deflorer
Plorer
Déplorer
Implorer
Rememorer
Honorer
Deshonorer
Ignorer
Euaporer
Incorporer
Essorer
Deuorer

Curer les dents
Curer vn puits, &c.
Escurer
Procurer
Durer
Endurer
Figurer
se Figurer s'imaginer
Defigurer

Augurer
Transfigurer
Iùrer
Abiurer
Adiurer
Conjurer
Pariurer
Sulfurer
Murer
Claquemurer ou clacquemuter
Murmurer
Espurer
Supurer
Pressurer
Censurer
Tonsurer
Raturer
Coniecturer
Ensepulturer
s'Auanturer
Torturer
Pasturer
Peinturer
Azurer
Mesurer

Restaurer

bien-Heurer
Defleurer
Pleurer
Demeurer

Labourer
Elabourer
Tabourer
Enamourer
Atourer
Entourer
Sauourer

BRER

Cabrer
Delabrer
Celebrer
Ambrer
Cambrer
Remembrer
Desmembrer
Timbrer
Ombrer
Nombrer
Marbrer

CRER

Sacrer
Consacrer
Massacrer
Sucrer
Ancrer
Desancrer
Eschancrer

DRER

Quadrer
Engendrer
Effondrer
Enfondrer
Poudrer
Saupoudrer

FRER

Balafrer
Chifrer
Dechifrer
s'Empifrer
Cofrer emprisonner
Encofrer
Baufrer
Gaufrer
Soufrer
Ensoufrer

GRER

Reintegrer
Reintegrer fig. r'entrer

Denigrer

PRER

Diaprer
Empourprer

RRER

Arrher
Barrer
Debarrer
Rembarrer
Billebarrer
Carrer
Eſcarrer
Contrecarrer
Bigarrer
Chamarrer
Narrer

Errer faillir
Errer par les champs
Ferrer
Deferrer faire perdre la contenance
Enferrer
Epierrer
Serrer preſſer
Serrer garder
Deſſerrer
Aterrer
Deterrer
Enterrer

Abhorrer

Beurrer
Leurrer vn oiſeau
Leurrer fig.
Bourrer
Rembourrer
Desbourrer
Bourrer fraper
Fourrer de fourrure
Fourrer mettre

TRER

Idolatrer
Penetrer
Impetrer
Perpetrer

Mitrer
Atitrer
Vitrer
Chapitrer

Entrer
Cintrer

Rencontrer
Monſtrer
Demonſtrer

Chaſtrer
Folaſtrer
Plaſtrer farder
Plaſtrer vne affaire
Opiniaſtrer
Feneſtrer terme d'Architecture
Depeſtrer deſencheueſtrer
Depeſtrer fig.
Empeſtrer
Encheueſtrer

Enregiſtrer
Encloiſtrer
Sequeſtrer
Adminiſtrer
Luſtrer
Illuſtrer
Fruſtrer

Veautrer
Feutrer
Calfeutrer

Outrer

Accouſtrer
Accouſtrer fig. maltraiter

VRER monoſ.

Navrer
Sevrer

Liurer
Deliurer de la marchandiſe
Deliurer vn priſonnier
Deliurer vne femme en couche
Enyurer
Deſenyurer
Poiurer
Poiurer fig.
Ouurer
Recouurer

SER qui ſe prononce comme ZER, voy ZER

SER & CER

Chaſſer aller à la chaſſe
Chaſſer mettre dehors
Pourchaſſer

Enchaſſer
•Braſſer de la biere
Braſſer vne entreprise
Embraſſer
Embarraſſer
Débarraſſer
Haraſſer
Eſchalaſſer
Rapetaſſer
Creuaſſer
Caſſer rompre
Caſſer d'vn cheual, il ne ſe dit qu'au part.
Caſſer des troupes
ſe Caſſer s'affoiblir
Concaſſer
Fracaſſer
Fricaſſer
Auocaſſer
Laſſer
Deſlaſſer
Amaſſer
Damaſſer du linge
Ramaſſer
Cadenaſſer
Paſſer le temps
Repaſſer du linge, &c.
Surpaſſer

Outrepaſſer
Treſpaſſer
Compaſſer
Encuiraſſer
Terraſſer
Saſſer
Entaſſer

Agacer piquoter
Agacer les dents
Effacer
Lacer vne robe, &c.
Lacer des filets
Délacer
Enlacer
Entrelacer
Glacer
Verglacer
Placer
Placer mettre en condition
Déplacer
Remplacer
Grimacer
Tirracer faire vne terrace
Terracer
Tracer
Reſuacer

Fesser
Blesser
Depecer
Carresser
Dresser
Dresser vn cheual, &c.
Dresser mettre d'ordre
Redresser
Tresser
Detresser
Cesser
Confesser
Presser
Oppresser
Empresser
Transgresser
Apiecer
Aquiescer
Paslisser d'espalier
Herisser
Lambrisser
Ratisser
Apetisser
Patisser
Tapisser
Pisser
pot à Pisser
Licer

Espicer
Treillisser
Pollicer mettre la police
Tripolisser
Glisser
se Glisser s'introduire

Baisser
Abaisser
Affaisser
Laisser
Delaisser
Graisser
Engraisser
Degraisser
Angoisser
Poisser
Froisser
Escuisser
Panser vn cheual
Encenser
Penser nom
Penser
Compenser
Recompenser

Dancer
Offencer

Ageancer

Ageancer
Fiancer
Lancer vn jauelot
Lancer vn cerf
Relancer fig. pousser à bout
Eslancer
Balancer
Contrebalancer
Ensemencer
Commencer
Financer
Pancer vne playe
Despencer
Dispencer
Garancer
Tancer
Auancer
Deuancer

Pincer
Rincer
Grincer
Euincer terme de Palais
Foncer
Enfoncer
Defoncer
Renfoncer des tonneaux

Engoncer
Anoncer
Denoncer
Renoncer quitter
Renoncer au jeu
Renoncer terme de Palais
Prononcer
Froncer
Froncer le sourcil
Desfroncer

Escosser
Crocer jouer à la croce
Brosser la teste
Brosser vn bois, terme de chasse
Adosser
Endosser
Desendosser
Engrosser
Eclipser
Farcer
Bercer
Gercer
Hercer
Percer
Percer fenestres
Verser
Trauerser

T

Tergiuerser
Renuerser
Bouleuerser
Conuerser
Exercer
Escorcer
Forcer
Esforcer
Renforcer
Amorcer du poisson
Amorcer vn mousquet
Amorcer attirer, allecher
Débourcer
Embourcer empocher
Rembourser

Musser
Succer
Epucer

faußer des armes
Faußer sa foy, sa parole
se Gausser
Hausser
Chausser
Deschausser
Saucer

Exaucer vne priere
Exhausser vn bastiment

Housser
Emousser
Tremousser
Rebrousser
Egousser
Pousser
Pousser deuenir poussif
Espousser
Repousser l'ennemy
Rebrousser
Rebrousser chemin
Trousser
Trousser se dit d'vn cheual qui leue bien les jambes
Détrousser
Detrousser voler
Courroucer
Tousser

TER

se Delicater
Dater
Antidater
Contredater

Later
Frelater
Dilater
Tranſlater
Eſclater
Flater
Mater
Nater
Grater
Regrater il n'y a rien à regrater

Detracter
Retracter
Contracter
Affecter
Infecter
Obiecter
Delecter
Humecter
Reſpecter
Dicter

Hebeter
Empieter
Inquieter
Repeter
Repeter demander, terme de Palais
Repeter des témoins terme de Palais
Apeter
Competer
Interpreter
Endeter
Guetter
Aguetter
Muguetter
Muguetter fig vne ville &c.
Acheter
Cacheter
Decacheter
Tacheter
Crocheter
Moucheter
Ietter vne pierre
Ietter des branches, pouſſer
Ietter d'vne playe
Deietter
Proietter
Interietter
Haleter
Valeter
Coleter
Voleter
Souſleter

Feuilleter vn liure
Aiguilleter
Bonneter
Trompeter
Caqueter
Naqueter
Empaqueter
Despaqueter
Craqueter
Bequeter
Dechiqueter
Cliqueter
Niqueter
Etiqueter
Decreter
Decreter vendre par decret
Criqueter
Coqueter faire le coquet
Banqueter
Marqueter
Parqueter
Regretter
Furreter
Espousseter
Espousseter fig. frotter, fesser
Tetter
Bluetter

Piroüetter
Foüetter
Brouetter
Habiter
Cohabiter
Cohabiter charnellement
Debiter de la marchandise
Rebiter pour causer
Citer vn texte
Citer deuant vn Iuge
Reciter des vers, &c.
Feliciter
Inciter
Exciter
Solliciter
Susciter
Ressusciter
Mediter
Decrediter
Profiter
Agiter
s'Alliter
Reabiliter
Debiliter
Faciliter
Imiter

Limiter
•Decapiter
Depiter
Decrepiter creuer de depit
Quitter
Aquitter
Heriter
Desheriter
Meriter
Irriter
Palpiter
Euiter
Inuiter
Heziter
Viſiter
Vſiter

Traitter diſcourir d'vne choſe
Traitter faire accord
Traitter feſtiner
Mal-traitter
Souhaitter
Alaitter
Foiter
Boiter
Emboiter
Desboiter

Exploiter
Exploiter terme de Palais
Conuoiter

Exalter
Reuolter
Reſulter
Inſulter
Conſulter

Exempter
Edenter
Enfanter
Ganter
Regenter
Diligenter
Argenter
Enter vn arbre
Hanter les compagnies
Chanter
faire-Chanter quelqu'vn, le mettre à la raiſon
pain à Chanter
Dechanter
Enchanter
Deſorienter
Patienter
s'Impatienter

Fienter
Violenter
Planter
Planter le piquet
Planter là quelqu'vn, le laisser-là
Deplanter
Suplanter
Transplanter
Ensanglanter
Medicamenter.
Lamenter
Sagmenter
Parlementer
Passementer
Aimanter frotter d'aimant
Cimenter
Alimenter
Experimenter.
Argumenter.
Augmenter
Fomenter
Commenter
Tourmenter
Arpenter
Charpenter
Serpenter se dit d'vn fleuue, d'vne fusée, &c.
Frequenter,

Apparenter
Absenter
Tenter
Attenter
Sustenter
Intenter
Contenter
Mecontenter
Vanter loüer
Venter faire vent
Esuenter
Esuenter vn secret
Esuenter du vin, de la poudre, &c.
Acreuanter
Inuenter
Espouuenter
Presenter
Representer vne comedie.
Pinter
Tinter
Conter nombrer
Conter narrer
Raconter
Meconter
Dompter
Monter

Demonter
• Surmonter
Affronter
Confronter

Acointer
Pointer
Apointer vn procez
Apointer faire apointé, terme de guerre
Apointer donner pension
Desapointer
Contrepointer
Emprunter

Boter
Deboter
Raboter
Saboter
Barboter
Coter
Acoter
Picoter
Tricoter
Suçoter
Doter
Radoter
Fagoter
Fagoter fig.

Gringoter
Rauigoter
Caboter
Baloter
Baloter deliberer
Peloter
Dorloter
Trembloter
Floter
Sangloter
Emmailloter
Comploter
Escamoter
Marmoter
Noter
Denoter
Anoter
Clignoter
Amignoter
Grignoter
Chipoter
Tripoter
Rotter
Croter
Decroter
Decroter manger
Frotter nettoyer
Frotter contre quel-

que chose
Frotter battre
Garotter
Trotter
Baizoter

Adapter
Accepter
Excepter
Adopter

Escarter se mettre à l'escart
Escarter dissiper
Escarter terme de jeu
Quarter terme d'escrime
Quarter terme de cocher
Essarter
Concerter
Concerter fig. d'vne affaire

Conforter
Deconforter
Reconforter
Exhorter
Porter
Aporter
Déporter
Emporter
s'Emporter se mettre en colere
Importer
Comporter
Transporter
Supporter
Auorter
Heurter
Ecouter

Baster
Gaster
Haster
Apaster
Empaster
Desempaster
Taster gouster
Taster toucher

Admonester
Tempester
Entester
Quester
Quester à l'Eglise
Acquester
Conquester
Enquester
Arrester

Arrester vn prisonnier
Prester
Prester consentement
Aprester
Aprester du cuir, &c.

Gister
Oster
Fluster
Couster
Gouster nom
Gouster
Gouster essayer
Iouster
Adiouster

l'S se prononce aux verbes suiuans

Lester
Molester
Manifester
Pester
Empester
Rester
Derester terme de jeu
Tester
Attester
Detester
Detester estre en colere

Protester
Protester terme de banque
Contester

Attrister
Contrister
Assister
Insister
Consister
Persister
Subsister
Desister
Resister

Acoster
Poster terme de guerre
Poster courir deça delà, se dit des enfans
Aposter
Afuster
Ajuster
Ajuster parer
Tarabuster
Buter
Abuter vieux mot, pour suputer
Debuter terme du jeu de boule
Debuter fig.

Debuter commencer
Rebuter
Culbuter
Perſecuter
Executer
Diſcuter
Refuter
Confuter
Huter
Bluter
Luter
Permuter
Minuter
Minuter ſa fuitte fig.
Deputer
Imputer
Suputer
Diſputer
Sauter
Debouter terme de Palais
s' Acouſter
Eſcouter
Douter
Redouter
Gouter
Eſgouter
Dégouter

Brouter
Eſcrouter
Encrouter
Vouter faire vne voûte
ſe Vouter ſe courber

VER monoſ.

Bauer
Cauer creuſer
Cauer terme de jeu de prime
Encauer
Lauer
Enclauer
Pauer
Brauer
Grauer
Aggrauer
Engrauer
Deprauer
Entrauer
Greuer
Acheuer
Paracheuer
Leuer du Soleil, &c.
Leuer vn fardeau
Leuer de la marchandiſe, l'acheter

Leuer vn enfant
• Leuer des soldats
Leuer vne difficulté
Leuer du pain, terme de Boulanger
Leuer estre debout
Esleuer
s'Esleuer s'agrandir
Souleuer
Creuer

Lesciuer
Enjoliuer
Esquiuer
Riuer
Arriuer
Deriuer
Priuer
Estriuer
Cultiuer
Captiuer
Rauiuer vieux mot

Innouer

Eneruer
Conseruer
Obseruer
Reseruer
Preseruer
Resuer
Endesuer

Cuuer du vin
Cuuer son vin
Encuuer
Estuuer

Sauuer faire son salut
Sauuer d'vn peril, eschaper
Abreuuer

Prouuer
Aprouuer
Desaprouuer
Reprouuer
Esprouuer
Trouuer
Controuuer

VER diss.

Buër
Atribuer
Contribuer
Distribuer
Euacuer
Arguer

Redarguer,
Huër
Saluer
Eualuer
Fluër terme de Chirurgie
Affluër
Gluer
Engluer
Desgluer
Muer estre à la müe
Muer changer
Remuer
Remuer vn enfant

Nuer
Attenüer
Extenuer
Denuer
Insinuer
Continuer
Atenuer
Esternuer
Diminuer

Ruer des pierres
Ruer des pieds
Suer
Bossüer

Tuer
Tuer esteindre
Infatuer
Habituer
Perpetuer
Situer
Instituer
Destituer
Restituer
Prostituer
Constituer
Substituer
Accentuer
Tumultuer
Euertuer
Effectuer
Ponctuer
Tortuer

OVER

Embouer
Secouer
Douer
Amadouer
Baffouer
Engouer
Eschouer
Eschoüer fig. estre ruiné

Ioüer
Loüer donner louange
Loüer dõner, & prendre à loüage
Alloüer
Cloüer
Encloüer
Noüer faire vn nœud
Nouer nager, vieux mot
Denoüer grandir, se dit d'vn enfant
Roüer
Roüer fig. de coups
Rouer vieux mot, pour tourner
S'enroüer
Rabroüer
Troüer
Voüer
Auoüer
Desauoüer

GVER

Incaguer
Daguer
Elaguer
Vaguer
Extrauaguer
Leguer
Aleguer
Deleguer
Releguer
Subdeleguer

Biguer
Prodiguer
Giguer
Liguer
Briguer
Intriguer
Fatiguer
Promulguer
Diuulguer
Haranguer
Seringuer
Tinguer terme de jeu
Distinguer
Emologuer
Epiloguer
Astrologuer
Voguer
se Targuer
Morguer
Conjuguer
Subjuguer

QVER

Claquer
Plaquer
Braquer
Craquer
Detraquer
Attaquer
Vaquer

Rebecquer
Hipothequer

Alambiquer
Sindiquer
Vendiquer
Trafiquer
Apliquer
s'Apliquer
Repliquer
Impliquer cõtradiction
Expliquer
Cliquer
Chroniquer
Communiquer
Piquer
Piquer courir à cheual
Piquer larder menu
ſe Piquer de ſciẽce, &c.
ſe Piquer ſe faſcher
Fabriquer
Criquer
Preuariquer
Pratiquer
Maſtiquer
Fantaſtiquer
Sophiſtiquer
Prognoſtiquer

Deſalquer
Inculquer

Flanquer
ſe Flanquer
Manquer
Chinquer
Trinquer
Tronquer
Choquer heurter
Choquer deſplaire
Choquer terme de guerre
Suffoquer
Coloquer
Diſloquer
Bloquer
Moquer

Croquer
• *Excroquer*
Deffroquer
Enfroquer
Troquer
Euoquer
Reuoquer
Prouoquer
Inuoquer
Equiuoquer

Embarquer
Desembarquer
Marquer
Remarquer
Parquer
Extorquer
Retorquer
Remorquer vn nauire

Masquer
se Masquer aller en masque
se Masquer fig. se cacher
Renasquer
Confisquer
Confisquer vn homme, confisqué
Busquer fortune
Embusquer
Debusquer
Offusquer
Musquer

Bouquer

XER

Taxer
Taxer accuser
Annexer
Vexer
Fixer terme de Chimie

AYER

Noms

Cayer
Brayer
Metayer

verbes

Bayer
Abayer
Gayer vn cheual
Esgayer
Esgayer fig. vn ouurage, &c.
Begayer
Langayer les pourceaux

Planchayer
Balayer
Deblayer
Delayer
Relayer
Dilayer
Payer
Frayer le poiſſon fraye
Frayer vn chemin
Defrayer faire les frais
Effrayer auoir peur
Eſſayer
Eſtayer
Tutayer
Enrayer vne roüe

OYER

Noms

Plaidoyer
Foyer
Noyer
Voyer
Loyer

verbes

Flamboyer
Ondoyer baptiſer
Ondoyer ſe dit d'vne banderolle, &c.

Verdoyer
Soudoyer
Choyer
Ployer
Ployer fig. ſe ſoumettre
Employer
Deſployer
Deſployer le bras
Emoyer
Noyer
Noyer terme du jeu de boule
Monnoyer
Tournoyer
Larmoyer
Conroyer
Charoyer
Guerroyer
Broyer
Foudroyer
Effroyer
Octroyer
Foſſoyer
Groſſoyer
Nettoyer
Feſtoyer
Coſtoyer
Coſtoyer ſuiure la coſte, ter-

ſte, terme de mer
Deſuoyer du chemin
Deſuoyer de l'eſto-mac
Deuoyer vne montre
Enuoyer
Conuoyer
Fouruoyer

VYER

Ennuyer
Deſennuyer
Appuyer
Appuyer fig. maintenir
Eſſuyer
Eſſuyer des coups
Eſcuyer qualité
Eſcuyer d'eſcurie
Eſcuyer tranchant
Eſcuyer meneur
Gruyer

ZER & SER

Cazer terme de trictrac
Raſer
Raſer fig. coſtoyer
Iazer
Embrazer
Eſcrazer
Paraphraſer

Lezer il n'eſt en vſage qu'au part.
Peſer
Contrepeſer
Empeſer
Tabiſer
Incizer
Exorcizer
Iudaïzer
Depaïzer
Deguizer
Scandalizer
Formalizer
Moralizer
Immortalizer
Deualizer
Naturalizer
Euangelizer
Subtilizer
Ciuilizer
Simbolizer
Organiſer
Agoniſer

Canonizer
Impatronizer
Indemniser
Solemnizer
Tirannizer
Eternizer
Pindarizer
Gargarizer
Familiarizer
Seculariser
Vesperiser
Cauteriser
Pulverizer
Martirizer
Temporizer
Authorizer
Thesorizer
Priser
Friser
Friser la corde, la capriole, &c.
Friser
Depriser
Mespriser
Cicatriser
Maistriser
Atiser
Baptiser
Dogmatiser
Simpatiser
Antipatizer
Anathematiser
Prophetizer
Galantiser
Cotiser
Courtiser
Vizer
Auizer
Deuiser
Diuiser
Diuiser mettre mal
Soudiuiser
Poëtiser
Deguiser
se Deguiser se masquer
Aiguiser
Puiser
Epuiser
Amenuiser
Pertuiser

vn Baiser
Baiser
Biaiser
Niaiser
Deniaiser

Apaiſer
Fraizer vn baſtion

AcoiZer
DegoiZer
Croiſer
ſe Croizer pour aller à la guerre Sainte
Decroiſer
Toiſer
Apriuoizer

Oſer
Gloſer
Gloſer fig. reprendre
Poſer
Appoſer
Repoſer dormir
Repoſer s'aſſoir
Depoſer
Oppoſer
Suppoſer
Impoſer
Compoſer
Diſpoſer
Propoſer
Interpoſer
Preſſupoſer
Tranſpoſer
Poſtpoſer
Expoſer
Aroſer
Couperoſer

Vſer ſe ſeruir
Vſer les habits
Vſer le corps
Meſuſer
Abuſer
Accuſer
Recuſer
Excuſer
Refuſer
Muſer
Amuſer
Infuſer
Ruſer terme de chaſſe

Houſer
Eſpouſer
Ventouſer

ER dont l'E eſt plus ouuert qu'aux precedents Et AIR

R lettre de l'Alphabet
Cancer maladie
Cancer du Zodiac

Beluedér planter
Fer
Fer à ſecher du linge
Lucifer Aſtre
Lucifer Diable
Enfer
Cher
Cher qui couſte beau-coup
Leger
Leger inconſtant
Cheuau-Leger
Mer
bras de Mer
de l'Outremer cou-leur
verd de Mer
Amer
Pater d'Abbaye
Pater Noſter
Iupiter Dieu
Iupiter Aſtre
Magiſter
Ver vermiſſeau
Ver couleur, le D ne ſe prononce pas
Hiuer
Fier
Hier
auant-Hier
Familier
eſprit-Familier
Regulier qui eſt ſelon les reigles
Regulier Religieux
Seculier
Particulier
Pleurier pour pluriel

Air vn des quatre Ele-mens
Air du viſage
Air aller du bel air
Air du feu
Air ſituation, d'vn lieu
Air de Muſique
Chair
Chair fig. le corps, les paſſions de la chair
Pair de France
Pair
Impair
Nompair
Clair
Flair
Eſclair
Vair terme de blazon

IR

BIR

Subir
Fourbir

CIR & SIR

Adoucir
Estrecir
Esclaircir
Esclaircir vn differend
Farcir
Obscurcir
Durcir
Endurcir
Noircir
Acourcir
Espaissir
Issir
Grossir
Reüssir
Transir de froid
Transir de peur
Roussir deuenir roux
Roussir ter. de Cuisine

DIR

le Nadir terme d'Astrologie
Tiedir
Attiedir
Affadir
Enlaidir
se Roidir
Froidir
Refroidir
Resplendir
Grandir
Agrandir
Brandir
Blondir vieux mot
Bondir
Arondir
Ragaillardir
Verdir
Reuerdir
s'Enhardir
Abastardir
Ourdir de la toile
Ourdir vne trahison
Engourdir
Desgourdir
Assourdir

Essourdir
Estourdir
Esbaudir
Gaudir
Aplaudir

EIR

Obeïr
Desobeïr

FIR & PHIR

Bouffir
Safir pierre precieuse
Zephir vent

GIR

Agir
Regir terme de Grammaire
Regir gouuerner
Mugir
Rugir
Rougir
Rougir de honte
Eslargir vn habit
Eslargir vn prisonnier
Surgir

HIR

Trahir
Esbahir
Enuahir
Haïr

CHIR

Flechir
Enrichir
Rafreschir
Rafreschir des troupes
Rafraichir la memoire
Rafreschir vn habit
Gauchir
Blanchir
Blanchir vn coup, qui ne fait que blanchir
ne faire que Blanchir fig. n'auoir aucun effet
Franchir
Affranchir

LIR

Salir
Enseuelir

Auilir
Abolir
Amolir
Demolir
Polir
Polir fig. de l'esprit, de la mine, &c.
Paslir

BLIR

Establir
Affoiblir
Anoblir

ILL

Faillir
Iaillir
Rejaillir
Saillir
Saillir courir
Assaillir
Tressaillir
Enorgueillir
Cueillir
Accueillir reçeuoir
Accueillir la tempeste l'accueillit
Vieillir

Enuieillir
Boüillir
Eboüillir
Parboüillir

PLIR

Emplir
Desemplir
Remplir combler
Remplir son caractere
Remplir de la dentelle
Accomplir

MIR

Gemir
Fremir
Vomir
Vomir des iniures fig.
Blesmir
Afermir
Dormir nom
Dormir
Endormir

NIR

Banir
Hanir
Aplanir

Benir
Finir
Definir
Vnir
Vnir joindre
Revnir
Des-vnir
Munir
Punir
Brunir deuenir brun
Brunir terme d'Orfevre
Honnir
Garnir
Degarnir
Ternir
Vernir
Fournir
Parfournir
Iaunir
Rajeunir

Les verbes ſuiuans ont diuers temps & perſ. differens des precedens

Tenir
Detenir
Entretenir diſcourir
Entretenir tenir en eſtat
Entretenir fournir tout
Entretenir vne concubine
Obtenir
Maintenir
Contenir
Appartenir
Souſtenir
Abſtenir
Venir
Meſauenir
Interuenir
Contreuenir
Prouenir
Subuenir
Conuenir
Diſconuenir
Circonuenir
Paruenir
Suruenir
Souuenir
Souuenir nom

PIR

Glapir
Tapir
Deguerpir
Foupir

Croupir
s'Acroupir
Assoupir
Soupir nom
Soupir terme de Musique
RIR

Tarir
Ferir
Cherir
Encherir
Encherir fig. faire plus qu'vn autre
Perir
Deperir
Guerir
S'aguerrir
Fleurir
Defleurir
Meurir
Nourrir
Pourrir

Les verbes suiuans sont irreguliers à l'égard des autres

Querir
Acquerir
Requerir
Enquerir
Courir
Courir voyager, il ne fait que courir
Acourir
Recourir
Parcourir
Discourir
Encourir
Secourir
Mourir

Offrir
Soufrir
Soufrir vne personne, par complaisance

Les suiuans sont reguliers

Amoindrir
Atendrir
Aigrir
Aigrir irriter
Enaigrir
Maigrir
Meurtrir
Pestrir
Apauurir
Couurir
Couurir terme de ieu

de cartes
Couurir seruir sur table
Couurir sallir

SIR qui se prononce comme ZIR, voy ZIR

SIR voy CIR

TIR

Aplatir
Patir
Compatir
Bastir vne maison
Bastir vn habit
Assuiettir
Abestir
R'assotir
Abrutir
Emutir
Aboutir
Engloutir
Amoetir
Aneantir
Empuantir
Alentir
Ralentir
Rotir
Garentir
Retentir
Partir s'en aller
Partir partager
Departir
Mipartir
Auertir
Diuertir
Conuertir
Subuertir
Amortir
Assortir
Ressortir terme de Palais

Les suiuans ont le part. different des autres

Mentir
Mentir nom
Dementir
Dementir terme d'Architecture
Dementir ne pas respondre à l'estime qu'on en auoit
Repentir nom
Repentir
Sentir
Presentir
Consentir

Sortir
• Vestir
Deuestir
Trauestir

VIR monos.

Hauir brusler
Rauir estonner
Rauir enleuer
Cheuir
Assouuir

Les part. des verbes suiuans sont differents des autres

Seruir
Seruir vne dame, la galantizer
Seruir estre vtile à quelque chose
Asseruir
Desseruir

VIR monos. par V Diphtongue

Cuir
Fuyr

VIR diss.

Circuir
Fuir
Enfuir
Puir

OVIR diss.

Ouir
Ioüir
Esioüir
Resioüir
Conioüir
Esbloüir
Espanoüir
esuanoüir
Roüir de la filace
Foüir
Enfoüir il y en a qui font ces deux mots monos.

GVIR

Languir

ZIR & SIR

Saisir
Saisir terme de Palais

Dessaisir
Choisir
Moisir
Gesir

Noms

Desir
Plaisir
Deplaisir
Loisir

AIR voy ER rude, dont l'E est plus ouuert

OIR

Nom

Acoudoir
Deuidoir
Drageoir
Hoir terme de Palais
Tranchoir
Mouchoir
Loir espece de rat
Saloir
Vouloir
Parloir de Religieuses
Fermoir de liure
Noir
tirer au Noir
Manoir
Promenoir
Entonnoir
Espoir
Desespoir
Miroir
Terroir
Ouuroir
le Soir
Pressoir
Polissoir
Encensoir
Houssoi r
Frotoir
Batoir à joüer
Batoir de lauandiere
Comptoir
Montoir
Reseruoir
Auoir pour richesse
Sçauoir
Asçauoir ad.
Deuoir
Pouuoir
Rasoir
Abreuoir
vn Abreuoir à mouches

Arrouſoir
vn Repoſoir
vn Amuſoir

En la plus part de ces mots l'R finale ne ſe prononce point

verbes

Choir
d'Eſchoir
Deſchoir
Falloir
Challoir
Nonchaloir
Valoir
Preüaloir
Douloir
Condouloir
Souloir
Vouloir
Paroir
Apparoir
Diſparoir
Comparoir
Seoir
Aſſeoir
Surſeoir
Voir
Entreuoir
Preuoir
Pouruoir
Pouruoir marier
Deſpouruoir
Auoir
Deceuoir
Conceuoir
Receuoir
Aperceuoir
Sçauoir
on fait à Sçauoir
Deuoir
Ramenteuoir
Pleuuoir
Mouuoir
Eſmouuoir
Promouuoir

OR

Or ad.
Or metal
eſcu d'Or monoye
tireur d'Or
peſant d'Or
ſiecle d'Or
nombre d'Or
drap d'Or
dire d'Or dire bien

bouche d'Or dire tout, ne celer rien
Corridor terme de fortification, fig. d'Architecture

Cor de chasse
Cor au pié
Encor

Mogor
Major terme de guerre
Sergent-Major
tierce-Major &c. terme de piquet
Essor
Castor animal
Castor chapeau
Castor de la fable
Hector
Butor
Tresor

VR & EVR qui se prononce de mesme

Dur
Mur
Pur
Impur
Sur
Sur aigre
Obscur
Futur
examen à Futur terme de Palais
Azur
Azur bleu, terme d'Armoirie
Seur fidelle
Seur asseuré
Meur

EVR

Ie ne mets point les noms, où il n'y a qu'à changer *l'ER* en *EVR*, comme *Mcquer, Moqueur*: si ce n'est lors que le nom a vne signification differente de son verbe, comme *crocheter, crocheteur,*

Ie ne mets point non plus les noms, où il n'y a qu'à changer *l'IR* en *Isseur* & le *Re* des autres verbes en *eur* comme *fourbir, Fourbisseur, vendre, Vendeur*. Outre qu'il y en a fort peu qui puissent entrer dans la belle Poësie.

Labeur trauail
Labeur labourage
Cœur

Cœur courage
choeur d'Eglise
enfant de Chœur
Chœur de Musique
Cœur fig. milieu, cœur d'Hiuer, de la ville, &c.
à contre-Cœur
creue-Cœur
Rancœur
Parcœur
Vainqueur
Liqueur
Chroniqueur

Hideur
Laideur
Roideur
Froideur
Deffendeur
Demandeur terme de Palais
Commandeur de Malthe
Splendeur
Pudeur

Largeur
Rougeur
Rigueur
Vigueur
Langueur
Longueur

Heur
bon-Heur
Mal-heur
Fraischeur

Ingenieur
Crieur celuy qui fait le cry public
Inferieur
Superieur
Superieur d'vn Conuent
Interieur
Exterieur
Posterieur
Anterieur
Sieur
Monsieur
Prieur
Oublieur crieur d'oublie

Leur
Criailleur
Oyseleur
Fleur

Fleur lustre
Fleur de farine
Fleur Virginité
Chandeleur
Basteleur
Douleur
Couleur
Couleur de raison
Esmouleur
Valeur
Chaleur
Chaleur chienne en chaleur
Pasleur
Pleur ne se dit qu'au pluriel
Meilleur

Clameur
Humeur
Rumeur
Tumeur

Veneur
Entrepreneur
Honneur
Dame-d'Honneur
fille-d'Honneur
enfant-d'Honneur
point-d'Honneur
des-Honneur

Peur
Vapeur

Erreur de Religion
Erreur de compte
Erreur pour voyage, il ne se dit qu'au pluriel
Terreur
Horreur
Aigreur
Maigreur
Empereur
Fureur
Coureur
Coureur cheual
auant-Coureur

Sœur
Douceur
Espaisseur
Agresseur
Assesseur
Predecesseur
Fourbisseur
Rotisseur

Inter-

Intercesseur
Censeur
Deffenseur
Grosseur
Noirceur
Precurseur

Perturbateur
Fondateur
Createur
Gladiateur
Gladiateur espece d'iniure
Anonciateur
Denonciateur
Amodiateur
Sacrificateur
Preuaricateur
Predicateur
Legislateur
Consolateur
Translateur
Dissimulateur
Delateur
Relateur
Emulateur
Zelateur
Speculateur
Contemplateur

Amateur
Reformateur
Vaticinateur
Machinateur

Narrateur
Orateur
Liberateur
Operateur
Moderateur
Dispensateur
Dictateur
Spectateur
Imitateur
Equateur
Conseruateur

Facteur
bien-Facteur
Infracteur
Electeur
Recteur
Directeur
Correcteur terme de Religieux
Correcteur des Iesuites
Correcteur d'Imprimerie
Protecteur

Exacteur
Docteur
Traducteur
Seducteur
Producteur
Conducteur
Introducteur

Crocheteur
Debiteur
Auditeur
Auditeur charge
Competiteur
Compoſiteur d'Imprimerie
Seruiteur valet
Seruiteur Amant
Inquiſiteur
Detenteur terme de Palais
Puanteur
Peſanteur

Moteur
Promoteur

Precepteur
Sculpteur
Redempteur
Corrupteur
Contempteur
Paſteur
Impoſteur

Autheur
Autheur, eſcriuain
Hauteur
Diſtributeur
Coadiuteur

Faueur
Saueur
Ferueur
Lueur
Sueur

Frayeur

faux-Monnoyeur
Pouruoyeur

Plus ſi on veut rimer au plur. Voy les rimes en *eurs* qui n'ont point de ſingul.

OVR

Tambour
Tambour celuy qui jouë du tambour
Tambour de tripot, &c.
Cour de maiſon

Cour du Roy
Cour du Parlement
basse Cour
Gastadour
Four
Carrefour
Iour
Iour fig. biais
poinct du Iour
Seiour
Amour
Amour Cupidon
Mamour terme de carresse
Tour
Tour à tourner
Tour d'vn Conuent
Tour faire vn tour
fermer à double Tour
vne Tour
vne Tour personne grosse
Tour finesse
Retour
Estour
Destour
Contour
tour à Tour
Atour
Dame d'Atour
Autour oiseau
Autour preposition
Alentour
Vautour oiseau

S, X, & Z, ces trois lettres se prononcent de mesme à la fin des mots, exceptez quelques mots, que i'ay mis à part.

A S

As de cartes, de dez, &c.
entre-deux & As
As du verbe Auoir
Bas
Bas stile bas
Bas chausse
Bas de mulet
Embas
Contrebas

Cas
faire Cas
Cas terme de Grammaire
Cas de conscience
Fracas
Tracas

Chucas

Midas

Pourchas
Entrechas

Galimatias

Las
Helas
Las fatigué
Lacqs piege
Echalas
Matelas
Pallas
Canelas dragée
Coutelas
Ceruelas
Entrelas
Verglas
Broüillas
Lilas
Atlas de la fable
Atlas liure de cartes Geografiques
Soulas
Mas de nauire
Amas
Ramas

Damas estofe
prune de Damas
acier de Damas
Raisin de Damas
Frimas
Cadenas serrure
Cadenas espece de gesne
Cadenas couuert de Grand
Faguenas
Pas particule
Pas passée
Pas degré
mauuais Pas danger
passer le Pas mourir
Appas
Repas
Compas
Trepas

Ras estofe
velours Ras
mort aux Rats
Haras
Bras
Bras de mer
chaire à Bras
Rebras

Gras

parler Gras

Mardy-Gras

Hipocras

en chausse-d'Ypocras

Fatras

Plastras

Mastras

Sas

tourner le Sas

Tas

Taffetas

Galetas

vn Sauantas

Canneuas

Ambezas terme de Trictrac

Plus les pluriel des noms en *at* & *a*, *Soldats*, *Quinolas*.

Plus la seconde pers. du pret. des verbes en *er*, *armas*,

Plus les secondes pers. des futurs de tous les verbes *aimeras*, *viendras*, *connoistras*, *mettras*, *iras*, &c.

C S

Voy le pluriel des noms en C. *lacs*, *socs*, *Ducs*, &c.

D S

Le D se prononçant comme vn *T*, *v oy Ts*

E S

E S par E Masculin qui se prononce comme E Z

Facultés richesses

Commoditez richesses

le Nez

vn cache-Nez

tourret de Nez

Assez

Plus voy les noms en E mascul. dont le pluriel fait *ez*, *fossez*, *bontez*, &c.

Plus diuers temps de tous le verbes *aimez*, *aimerez*

Plus le pluriel des verbes en *er*, *aimez*.

E S qui se prononce comme I A I S

Es d'estre

Decez

Accez de fievre

Accez abord

Excez

Excez terme de Palais

Procez
Congrez
Progrez
Succez
Profez
Aspergés
Prés
à peu-Prés
à cela Prés
Auprés
Aprés
Exprés
Tres
Ceres l'S se sifle dauantage

Mets de table
Entremets

Plus les pluriels des mots en *et* & *ait*, *lacets*, *traits*.

Plus diuers temps des verbes en *mettre*, *permets*

Plus les rimes en *ais*.

IE'S monos.

Voy les noms en *IE'* & *IED* dont le pluriel fait, *iez*, *pieds*, *inimitiez*.

Plus diuers temps de tous les verbes *aimiez*, *aimeriez*, *aimassiez*, &c.

IEZ diss.

Riez de rire

Plus diuers temps & pers. des verbes en *ier*, *liez*,

Plus le pluriel des part. des mesmes verbes, *chastiez*.

ES par E feminin

Voy les noms qui se terminent en E fem. ausquels tu ajousteras vn S. Fais le mesme aux temps des verbes qui y sont marquez

FS

Voy les noms qui se terminent en F, & y ajouste vne S.

GS

Voy les noms qui se terminent en G, & y adiouste vne S.

HS

Il n'y a point de noms où l'H se prononce à la fin des mots.

IS

AIS voy HIS

BIS

Bis repetition
pain Bis
Tabis estofe
romina-Grobis
Fourbis de fourbir
Rubis

Habits
Subits

CIS & SIS

Macis epicerie
Sourcis
Soucis fleurs
Soucis soins
Decis
Indecis
Precis
Pressis de viande
Concis
Occis
Circoncis
Incirconcis

Sis terme de Palais
Assis
Six
Chassis
Lassis
Froissis
Rassis
pain Rassis
Recits narrations, &c.
Recits de balet

Plus diuers temps & pers. des verbes en *cir* & *sir*, *adoucis*, *transis*.

DIS

Dix
Iadis
Paradis
Paradis d'Eglise
oiseau de Paradis
Amadis
Magister Lourdis
Taudis

Plus voy le part. des noms en *di* & *dit*, dont le pluriel fait *is* & *its*, *hardis*, *edits*.

Plus diuers temps & perf. des verbes en *dir* & *dire*, *dis*, *refroidis*.

Plus quelques temps d'vne partie des verbes en *endre*, *descendis*.

EIS

Obeis
Desobeis

FIS

Fis pour fils
Crucifis
Memphis
Iphis

Plus le pluriel des noms en *fi* & *fit* *salsifis profits*.

Plus diuers temps des verbes en *fir* & *faire*, *boufis*, *defis*.

GIS

tu Gis verbe
Logis
Maugis

Plus diuers temps & perf. des verbes en *gir*, *regis*.

HIS

Trahis
Esbahis
Enuahis
Haïs
Païs
gaigner Païs
Tanaïs riuiere

CHIS

Gaschis
Haschis terme de cuisine
Haschis terme de peinture
Torchis de maison
les Affranchis

Plus diuers temps & perf. des verbes en *chir*, *blanchis*.

LIS

Lis plante
fleur-de-Lis
fleur-de-Lis suplice
Chapelis
Surpelis
vent Coulis
Machicoulis
verbes
Lis
Eslis

Plus le pluriel des noms en *L'i & lit, iolis, chalits.*

Plus diuers temps & perſ. des verbes en *lir, paſlis.*

BLIS

Eſtablis
Anoblis
Afoiblis

ILLIS

Baillis Iuges
Chamaillis
Taillis
gagner le Taillis s'enfuir
bois Taillis
Treillis toile
Treillis de fer
Barbouillis
Gargouillis
Gazoüillis
Margouillis
Patrouillis

Plus diuers temps & perſ. des verbes en *illir, treſſaillis.*

PLIS

Voy les moms en *pli*, dont le pluriel fait *plis, replis.*

Plus diuers temps & perſ. des verbes en *plir, remplis.*

MIS

vn Salmis
vn Commis
Compris
Hormis
Themis
Semiramis
Tamis
tourner le Tamis

Plus le noms en *mi, fourmi, fourmis.*

Plus diuers temps & perſ. des verbes en *mer*, & *mettre, fremis, demis.*

NIS

Anis
Adonis
Conils

Voy les noms en *ni* & *nit*, dont le pluriel fait *nis*, *infinis*, *zenits*.

Plus diuers temps & perf. d'vne partie des verbes en *nir*, *Brunis*.

GNIS

Voy les verbes en *aindre*, *eindre*, *oindre*, *plaignis*, *ceignis*, *oignis*.

PIS

Pis mammelles
de pis en Pis
tant-Pis
Lapis pierre precieuse
Tapis de table
Tapis de jardin
Espics
porc-Espics

Plus voy les noms en *it*, dont le plur. fait *its*, *respits*.

Plus diuers temps & perf. des verbes en *pir*, *acroupis*.

RIS

Ris graine
Ris
vn Souris
vne Souris
chauue-Souris
Iris fleur, racine
Iris l'Arc-en-Ciel
Pâris de Troye
Paris ville
Panaris maladie
Barris pour Barrils

Plus voy les noms en *ri* & *rit*, dont le pluriel fait *ris*, *fauoris*, *preterits*.

Plus diuers temps & perf. des verbes en *rir*, *gueris*.

BRIS

Abris
Debris
Cabris
Lambris
Nombris pour nõbrils

CRIS

Cris clameurs
Cris machines à leuer
Cris publics

Plus diuers temps & perf. des verbes en *crire*, *escris*.

DRIS

Perdris
Atendris
Amoindris

FRIS

Fris de frire
Offris
Soufris

GRIS

Gris couleur
Ambregris
verd de Gris
Rabougris
Aigris verbes & part.
Enaigris
Maigris
Amaigris
Gris pour grils

PRIS

Prix
Pourpris
Esprits
Espris verbes
bien Apris
Malapris
Entrepris de ses membres

Plus vn temps du verbe *prendre* & ses comp. *surpris.*

TRIS

Pestris
Meurtris

VRIS

Apauuris
Aurils l'L ne se prononce point

SSIS voy CIS

SIS voy ZIS

TIS

Abatis
Pastis pasturages
Pilotis
Poutis
Outis
Gentils
Gentils payens, l'L ne se prononce point à ces trois mots
Gratis

Parcatis terme de Palais

Apentis

à Remotis

Thetis

Plus voy les noms en *ti* & *tit*, dont le pluriel fait *is*, *aprentis*, *petits*.

Plus diuers temps & perf. des verbes en *tir* & *attre*, *vostis*, *combattis*.

VIS

Vis escalier

Aduis

Deuis

pont-Leuis

pont-Leuis de souliers

Indiuis

vis-Auis

Paruis

Pauis fruit

Vis de voir

Vis de viure

Suruis

Suiuis

Ensuiuis

Poursuiui

Plus diuers temps des verbes *escrire*, *seruir*, & leurs composez. *Escriuis*, *seruis*.

GVIS

Guis de chesne

Languis

QVIS

Acquis nom

Acquits

Acquis verbe

Vainquis

conuainquis

Nasquis

Vesquis

Suruesquis

Requis

Enquis

Conquis

Marquis nom

Exquis

ZIS

Cramoisis

Diesis de Musique

Fusils armes, l'L ne se prononce point

Fusils à faire feu

AIS ou AIX

Aiz planche
Rabais
Dais
Faix fardeau
porte-Faix
ſur-Faix ſangle
arriere-Faix
Iais
Biais moyen
de Biais de trauers
Niais

Relais donner le relais
Palais
Palais de la bouche
Palais fig. pratique, il entend le Palais
Mais
il n'en peut Mais

Iamais
Deſormais
confiction d'Alchermes
Panais legume
Punais

Paix
Paix ſilence
Paix d'Egliſe
Eſpais
Marais
Rais de la Lune
Rais d'vne roüe.
Frais
Frais nouueau
Attrais appas
Mauuais
Laquais

verbes

Sçais
Hais
Nais de naiſtre
Pais de paiſtre

Plus le pluriel des noms en *ay*, *ait*, *eſt* & *aiſt*, *balays*, *faits*, *beneſts*, &c.

Plus diuers temps & perſ. des verbes en *aire*, *fais*.

OIS

Bois
Bois foreſt
taille de Bois terme de graueur
Bois de cerf

porter bien son Bois fig.
Abbois de la mort
haut-Bois

Ainçois
Choix
Anchois
Villageois
Bourgeois

Fois
Parfois
à la Fois
aucune-Fois
quante-Fois
quelque-Fois
autre-Fois
toute-Fois

Mois
Chamois animal
Chamois peau
Nois
Harnois
Tournois
Tournois monoye
Minois
Tapinois

Poids à peser
Poids fardeau
Pois legume
Poix
Empois
contre-Pois
Croix
Trois
Matois
Patois
Courtois
Discourtois
Voix
Voix terme de Musique
Carquois
Pauois

Plus le pluriel des noms en *oy*, *oit* & *oid*, *Rois*, *froids*, *droits*, &c.

Plus diuers temps & pers. de tous les verbes *aimois*, *pouuois*, *tenois*, &c.

VIS par V diphtongue

Puis
Depuis
Huis porte
Cheruis legume

Puis
Pertuis
mille-Pertuis herbe

verbes

Puis de pouuoir
Fuis de fuir
Suis d'estre
Suis de suiure
Poursuis
Ensuis

Plus le pluriel des noms en *vy*, *vit*, *estuis*, *reduits*.

Plus diuers temps & pers. des verbes en *vire*, *traduis*.

OVIS

Bouis
donner le Bouis
Cambouis l'S ne se prononce guere
Louis monoye

Plus diuers temps & pers. des verbes en *ouir*, *iouis*.

LS

Il n'y a point de mots qui gardent la prononciation de l'L à la fin des mots, si ce ne sont des pluriels pour lesquels ie te renuoye au singulier en L, comme *naturels Soleils*, &c.

MS

l'MS ne se prononce point autrement que l' N S, voy N S

NS

ANS & ENS

Dans
Dedans
Sans
Cens d'vne terre
Encens
Ceans
Leans
Gens personnes
Gens domestiques
En-suspens
Sens esprit
Sens commun
les cinq Sens

Plus les pluriels des noms en *an*, *ent*, *and*, *ant*, *amp*, *emps*, *ant* & *ang*, *quadrans gands*, *tenans*, *patiens*, *temps champs*, *bancs estangs*.

Plus diuers temps & pers. des verbes en *andre* & *endre*, *descens*, *descendans*, au pluriel

IENS

Voy les noms en IEN dont le pluriel fait *iens*, *biens*.

Plus diuers temps & perſ. des verbes en *nir*, *tiens*.

INs

Voy les noms en *in* dont le pluriel fait *ins*, *Eſcheuins*

Plus diuers temps & perſ. des verbes en *nir*, *tins*.

AINs

alibi-Forains

Voy les noms en *ain*, dont le pluriel fait *ains*, *vains*

Plus le pluriel des noms en *eint*, *aint* & *aim*, *ſains*, *bains*, *dains*.

Plus diuers temps & perſ. des verbes en *aindre* & *eindre*, *feins*.

OINs

Moins
du-Moins
au-Moins
Neantmoins

Plus le pluriel des noms en *oin*, *teſmoins*.

Plus diuers temps & perſ. des verbes en *oindre*, *ioins*

ONs

Fons
Fons d'argent
Fons de Bapteſme
tire-Fons
Areculons
à Taſtons

Plus les pluriels des noms en *on* & *ont*, *larrons*, *ponts*.

Plus diuers temps de tous les verbes *aimons*, *aimions*, *aimerons*, *almerions*, *aimaſſions*, &c.

VNs

Voy les noms en *vn*, dont le pluriel fait *vns*, *Communs*.

Os

Os
faire vieux Os
Los
Clos de iardin
Enclos

Fos

Fos pour hestre

verbes

Clos
Declos
Enclos
Forclos

Minos
Custodinos

Repos
Propos
vn auant-Propos
Dispos
Campos
Atropos
Heros
Gros poids
Gros monnoye
Gros ad.
Chégros
sur-Os mal qui vient aux cheuaux
Dos
espine du Dos
eschine du Dos
à Dos

Plus le pluriel des noms en *o, ot, ost, echos, sots, déposts.*

Plus les rimes en *aux, faux.*

PS

APS

Draps

EPS

Seps liens
Seps de vigne

AMPS & EMPS

Temps
Printemps
passe-Temps
les quatre-Temps
vn roger bon-Temps
hausser le Temps boire
iniure du Temps

le P ne se pronõçant point, & l'M ne sonnant que comme vn N, on peut les rimer auec les mots en *tens, contents,*

Plus voy les mots en *amp.* dont le pluriel fait *amps, champs.*

OMPS

Voy diuers temps & perſ. du verbe *rompre*, & ſes composez. *romps*.

Le P ne ſe prononçant point, 'on les peut rimer auec les rimes en *rons*.

OVPS

Voy les noms en *oup*, ils font *oups* au pluriel. Le P ne ſe prononçant point on les peut rimer auec les pluriels des noms en *ou*, *hiboux*.

ORPS voy ORS

QS voy CS, car ils ſe prononcent de meſme

RS

ARS

Ars part.
Eſpars part.
Gars
Iars oyſeau
Mars Dieu
Mars planette
Mars mois
Epinars

Plus les pluriels des rimes en *ar*, *art* & *ard*, *petars*, *plaquarts*, *broquards*.

ERS

Voy les noms en *er* dont le pluriel fait *ers*, *Meſſagers*, *baiſers*.

ERS dont l'E eſt plus ouuert & AIRS

Pers couleur
Pres de perdre
Vers de poëſie
Vers prepoſition
poudre à Vers
Deuers
Enuers
Alenuers
Enuers d'eſtofe
Trauers
Atrauers
Reuers
Diuers
frere Couuers
Vniuers
Conuers
Peruers
Sers de ſeruir

Plus le pluriel des noms en *air*, & *E R*, dont l'E est ouuert, *clairs*, *hiuers*.

Plus le pluriel des noms en *ers*, *concerts*.

IERS

Tiers
Volontiers
en Dementiers

Plus les pluriels des noms en *I E R*, *tiers*, *altiers*.

IRS

Voy les noms en *ir*, dont le pluriel fait *irs*, *Plaisirs*.

AIRS

Voy E R S dont l'E est fort ouuert

OIRS

Voy les noms en *oir*, dont le pluriel fait *oirs*, *desespoirs*,

ORS & ORPS car le *P* ne se prononce pas

Corps
Corps d'estat, d'armée de ville, &c.
Iuste-au corps
Records
estre Recors se souuenir, vieux mot
Fors
Hors
Dehors
Lors
Alors
Mords de cheual
Remords de conscience
Tors
Detors

verbes

Dors
Mords
Demors
Tors
Entors
Detors
Sors de sortir
Pors pour porcs

Plus le pluriel des noms en *or*, *ord*, & *ort*, *tresors*, *bords*, *ports*.

VRS

Voy les noms en *vr* & *eur*, dont l'E ne se prononce pas *meurs*, *seurs*.

EVRS

Ailleurs

d'Ailleurs
Plusieurs
Couleurs liurées
pasles-Couleurs
choux-Fleurs
chapeau de Fleurs
non-Valeurs
Mœurs
Meurs de mourir
Heurs pour heurts

Plus le pluriel des noms en *eur*, *clameur*.

OVRS

Ours
Rebours
tout au Rebours
Cours
Cours promenade
Decours de la Lune
Recours
Secours
Concours
Discours
Velours
passe-Velours fleur
Plus le pluriel des noms en *our*, *ourd*, & *ourt*, *tambours*, *sourds*, *courts*.

Plus diuers temps & pers. des verbes en *ourir*, *discours*.

Ts & Ds car ils se prononcent de mesme

Il n'y a point de mots en nostre langue qui se terminent en *TS* ou *DS* que des pluriels. C'est pourquoy ie te les renuoye former sur les mots en T & D, ausquels tu adiouteras vne *S*, tant aux noms qu'aux verbes, *grands*, *louants*, &c.

VS

Vs coustume
Abus
Rebus
Phœbus
parler Phœbus
colera Morbus maladie
Bibus
poudre d'Oribus
Rasibus
Cacus
Bacchus
Nodus
Refus
Diffus
Infus

Confus

Argus

tuer-Ius vieux mot

Ius liqueur

Verjus

Calus

Palus

Reclus

Inclus

Exclus

Perclus

Flus de sang

Flus terme de jeu

Flus de la mer

Reflus

Bolus de casse

Karolus monoye

Plus

le Surplus

au Surplus

Camus

rendre Camus

Nostradamus

Oremus

Committimus

Agnus de la Messe

Agnus de deuotion

Ianus

Venus

Venus Astre

Pus

à bastons Rompus

Sus

courir-Sus

Dessus

dessus de Musique

Pardessus

Cousus

Decousus

angle-Optus

Optus fig. de l esprit

Plus le pluriel des noms en *v* & *vt*, *tenus*, *luts*.

Plus le pluriel des part. des verbes *tenir*, *venir* & leurs composez, *tenus*, *suruenus*.

Plus le pluriel des part. des verbes en *endre* & *ondre*, excepté *prendre*, *semondre*, & leurs composez, *tendus*, *tondus*.

Plus les part. pluriels des verbes en *ordre*, *battre*, & *voir*, excepté *auoir*, *mordus*, *battus*, *pourueus*

AVX & AVS

Faux à faucher
Faux qui n'est pas vray
Faux qui n'est pas bon
Faux de faillir
Chaux à bastir
Deschaux
esprits Vitaux
Vaux de valoir
Preuaux de preualoir
monts & Vaux
vn fendeur de Naseaux
Pseaumes Peniten-tiaux

Plus le pluriel d'vne partie des noms en *al*, & *ail*, *cheuaux*, *trauaux*.

Plus le pluriel des noms en *aud* & *aut*, *ribauds*, *hauts*.

Plus le pluriel des noms en *au*, *veaux*, *boyaux*.

Plus voy les rimes en O S.

EVS OU EVX

Vne partie de ces mots s'escriuent auec vne R, mais elle ne se sent pas, & se peuuent rimer en cét endroit, comme moucheux auec facheux.

Eux Pronom
Oeufs l'F ne se prononce point

BEVS

Bœufs
Herbeux
Bourbeux

CEVX voy SEVX

DEVX

Deux
Adeux terme de tripot
deux à-Deux
entre-Deux
Hideux
Hazardeux

FEVX

Feux
Feux familles, il y a tant de feux en telle ville
boute-Feux

GEVS

Marescageux

Orageux
Courageux
Ombrageux
Ombrageux fig. deffiant
Outrageux
Auantageux
Desauantageux
Neigeus
Fangeux

GVEVX

Gueux
Fougueux

CHEVs

Fascheux
Mascheux pour mascheur
Mouscheux pour mouscheur

IEVX par I consone

Ieux
Enjeux

IEVX par I voyelle voy YEVX

LEVs ou LEVX

Scandaleus
Galeus
Grommeleux
Grommeleux grondeur
Gabeleus
Cauteleus
Graueleus
Argileus
Nebuleus
Miraculeus
Frauduleus
Scrupuleus
Mieleus
Quereleus
Moëleus
Frileus
Bleus pluriel

ILLEVs

Tilleus arbre
Merueilleus
Sourcilleus
Perilleus
Orgueilleus
Pouilleus

Chatouilleus
Chatouilleus fig. capricieux

MEVS

Fameus
Venimeus
Eſcumeus
Fumeus
Gommeus

NEVS

Farçineus
Lumineus
Eſpineus
Farineus
Matineus
Vineus
Peneus
Ruineus
Soupçonneus
Tourbillonneus
Limonneus
Poiſſonneus
Sablonneus
Cotonneux
Nœuds
Neufs

GNEVS

Montagneux
Dedaigneux
bout-Saigneux ter. de boucher
Teigneux
Soigneux
Vergongneux
Hargneus
Rongneus

PEVS

Pompeus

QVEVS

Cueus à aiguiſer
Aqueus
Belliqueus
Viſqueus

REVS

Vlcereus
Doucereus
Dangereus
Deſireus
Poreus

Vaporeus
• Froidureus
Auantureus
Heureus
mal-Heureus
Valeureux
cheual-Hureus
Peureus
Genereus
Rigoureus
Vigoureus
Langoureus
Chaloureus
Douloureus
Amoureus
Sauoureus
Plantureus
Verreus
Pierreus
Terreus
Caterreus
Scabreus
Tenebreus
Ombreus
Nombreus
Creus
Chancreus
Poudreus
Cendreus
Landreux
Affreux
Preux
Lepreus
Malancontreus
Fieureus

SEVS & CEVS

Craſſeus
Pareſſeus
Angoiſſeux
Ceux
Linceus

TEVS

Peteux
Peteux d'Egliſe
Soufreteus
Dizeteus
Marmiteux
Calamiteux
Piteus
Depiteus
Impiteus
Maupiteus
Neceſſiteus
Raboteus

Rioteus
Boiteus
Conuoiteux
Venteus
Honteus
Pasteus
Quinteus
Douteus
Gouteus

VEVS monos.

Veux de vouloir
Baueux
Morueus
Nerueux

Pluriels

Vœux
Auœux
Desauœux
Cheueux
tirer par les Cheueux
tirer quelque chose de loin dans vn discours, &c.
Neueux
Verueux filets

VEVS diss.

Monstrueux
Tumultueux
Montüeus
Vertüeus
Fastüeux
Tempestueus
Impetueus
Tortueus
Defectueus
Fructueus
Infructueus
Respectueus
Incestueus
Somptueus
Presomptueus

OVEVS

Boueus
Noueus

YEVS & IEVS

Yeux
Ayeux
Bisayeux
Trisayeux
Ioyeux
Ennuyeux
Cieux
Audacieus

Chaſſicus
Chaſſieus faiſeur de chaſſis
Gratieus
mal-Gratieus
Spacieus
Specieus
Facetieus
Iudicieux
Officieus
Malicieus
Pretieus
Ambitieus
Seditieus
Delicieus
Pernicieus
Auaricieus
Superſticieus
Vicieus
Deuotieus
Licentieus
Conſcientieus
Peſtilentieus
Contentieus
Sententieus
Factieus
Soucieus

Radieus
Odieus
Melodieus
Miſericordieus
Faſtidieux
Studieus

Contagieus
Prodigieus
Religieus moine
Religieus deuot
Irreligieus
Spongieus

Oublieus
Mieux
des Mieux
à qui mieux Mieux
Ingenieux
Ingenieux pour ingenieur
Ignominieux
Ceremonieus
Harmonieus
Pecunieux

Pieux
Copieus
Toupieus

Roupieus
Imperieux
Serieux ſub.
Serieux adj.
Myſterieux
Laborieux
Glorieux
Glorieux orgueilleux
corps Glorieux
Victorieux
Curieux
Furieus
Iniurieus
Luxurieus
Induſtrieux
Vieux
Enuieus
Pluuieus

Plus le pluriel des noms en *ieu*, *lieux*.

Plus on en peut faire de la plus-part des verbes qui s'écriuent veritablement auec vn R, mais elle ne ſe prononce pas, comme *Ramoneur*, *baiſeur*, on dit *Ramoneus*, *baiſeus*.

OVS

Nous
Vous
Topinambous peuple
Topinambous racine
Recous
Secous
Doux
filer-Doux
ſain-Dous
citron-Dous
Ialoux ſub.
Ialoux adj.
Velous velours
paſſe-Velous fleur
boete aux Cailloux poiſon
Poux vermine
Pous du bras
Eſpous
Roux
Courroux
Soubs le B ne ſe prononce pas
Deſſous
ſans deſſus Deſſous
donner du Deſſous
Abſous
Tous rhume

Plus diuers temps & perſ. des verbes en *oudre*, *diſſous.*

Voy le pluriel des noms en *ou* & *out*, *genous*, *touts*, & les pluriels des noms en *oup*, *loups*.

Ys voy Is

AT

BAT

Cabat
Rabat colet
Rabat du jeu de longue paume
Grabat
Sabat des Iuifs
Sabat de ſorciers
Sabat bruit
Debat
Esbat
Combat

Plus la troiſieme perſ. des verbes en *atre*, il *combat*.

CAT

Sindicat
Pontificat
en ſon Pontificat en habit de parade
Certificat
Delicat
Canonicat
Aduocat
Patriarcat
Altercat
Muſcat raiſin
Muſcat vin
roſier Muſcat
Ducat
double-Ducat
Magnificat

DAT

Candidat
Mitridat
Soldat
Mandat terme de Palais
Concordat

EAT

Beat
Creat d'Academie

FAT

Fat

GAT

Legat

Vicelegat
Renegat
Interrogat

CHAT

Chat
œil de Chat pierre precieuſe
œil de Chat fleur
Rachat
Rachat terme du jeu longue paume
Crachat

IAT par I conſone

Goujat

IAT par I voyelle

Eſtropiat
Vicariat
Miniſteriat
Nouiciat

LAT

Cardinalat
Generalat
Eſclat ſplendeur
Eſclat morceau de pierre, de bois, &c.
Eſclat de tonnerre, de riſée, &c.
Ceruelat
Oblat
Plat
Plat vaiſſelle
vn pied Plat iniure
ſtile Plat
Peculat
Conſulat

MAT

Mat terme de jeu d'eſchets, & de tarauls.
or Mat
Climat
Primat

NAT

Grenat pierre precieuſe
Senat
Aſſaſſinat
Diaconat
Incarnat
Tribunat

PAT

Papat

Espiscopat
Archiepiscopat

RAT

Rat
prendre vn Rat
Barrat cheual ramassé
Quarrat terme d'Orfevre
Presbiterat
Verrat
Ingrat
Odorat
Doctorat
Contrat
Magistrat
Triumvirat
Iurat
Scelerat

SAT

Pissat
Forçat

TAT

Attentat
Potentat
Podestat
Estat dignité
Estat Royaume
Estat disposition. voila l'estat de mes affaires, de ma santé, &c.
Apostat
Contat
Resultat

VAT

Viuat

ZAT & SAT

Marquisat
sucre-Rosat
vinaigre-Rosat

ACT

Pact
Exact

ECT

Infect
Abiect
Aspect
Respect
Suspect
Direct
Indirect

Correct

INCT

Instinct des animaux
Instinct mouuement
Distinct

VNCT

Defunct

ET & AIT car ils se prononcent de mesme en ce lieu

Et conionction
Ait d'auoir

BET

Alphabet
vn Debet de conpte
Gibet
Quolibet
Barbet
prendre au Gobet

ÇET, SET & SAIT

Cét pronom
Cabacet
Lacet de femme
Lacet piege
Placet chaire
Placet de procez
Corset
Doucet
Faucet de tonneau
Faucet de voix
Tacet terme de Musique
tenir le Tacet fig. ne dire mot
Sept le P ne se prononce point
Basset espece de chiens
Grasset
Grosset
Verset
Gousset de chemise
Gousset bourson
sentir le Gousset
Sçait de sçauoir

DET

Cadet
Muscadet raisin
Farfadet
Bidet
Godet

Baudet

Baudet
• *Baudet* iniure
Baudet lit d'armée

FET & FAIT

Prefet
Attifet
Bufet armoire
Bufet où l'on met les verres
Bufet vaiſſelle d'argent
Effet
Effet terme de banque, en ce ſens il ne ſe dit qu'au pluriel
en Effet

vn Fait
Bienfait
Mesfait
Forfait
Parfait

Plus la troiſieme perſ. du verbe *faire*, & ſes compoſez, il *fait*.

GET & IET par I conſone

Ieƈt d'arbre, le C ne ſe prononce pas
Ieƈt de pierre
Rouget poiſſon
Sujet vaſſal
Sujet argument
Sujet enclin
Objeƈt
Proiet

CHET & CHAIT

Chet verbe
Dechet verbe
Dechet perte
vn Eſchet
Cachet
lettre de Cachet
Brechet
Bichet boiſſeau
Guichet
paſſer le Guichet entrer en priſon
Ricochet jeu d'enfans
Cochet petit coq
Hochet
Crochet
Brochet
Trebuchet à peſer
Trebuchet piege à prendre oiſeaux

Tranchet de cordonnier
Ionchet du jeu de ionchets
Archet de berceau
Archet de violon
Mouchet oyseau de proye
Louchet espece de besche

Hait de haïr
Souhait
à Souhait

IET par I consone voy GET

IET par I voyelle

Iaiet
Ioliet
Inquiet

LET & LAIT

Balet
Balet dance
Galet jeu
Ialet
Palet jeu
Valet
Valet d'vne porte
Cheualet supplice
Cheualet de peintre, de lut, &c.
Doublet terme de jeu
Doublet fausse pierre

Gobelet à boire
Gobelet de charlatan
Giblet à percer le vin
auoir le coup de Giblet estre fol
Tiercelet masle d'oyseau de proye
Brasselet
Ruisselet
Osselet jeu
Corselet vestement
Corselet cuirasse
Rousselet fruit

Grandelet
Blondelet
Rondelet
Verdelet
Annelet
Agnelet
Chapelet
Chapelet de marrons

Chapelet de postillon
Chapelet de fleurs
Quarlet aiguille d'embaleur, &c.
Quarrelet poisson
Bourrelet
Roitelet oyseau
Roitelet petit Roy
Gantelet
Mantelet petit manteau
Mantelet terme de fortification
Mantelet de carrosse
Oiselet
Siflet
Chiflet
couper le Chiflet la gorge
Souflet
Souflet coup
Camouflet
Filet
Filet à pescher
Filet de pourceau, &c.
Filet bride
cheual au filet
estre au Filet en attente
Filet de vin
Filet de la vie

le Filet de la langue
Colet rabat
Colet de pourpoint
Colet de buffe
Recolet Religieux
Flageolet
Folet
feu Folet
esprit Folet
poil Folet
Molet
œuf Molet
Molet frange
Marjolet
Triolet terme de jeu
Violet couleur
faire feu Violet
Rossignolet
Rôlet
Pistolet
Volet

Replet
Simplet
Complet
Couplet
Ourlet

Mulet

garder le Mulet
Seulet
Boulet
Triboulet
Argoulet
Poulet
Poulet billet d'amour
Serpolet
Laid
Laict
cochon de Laict
petit Laict
frere & sœur de Lait

ILLET

Courcaillet terme de chasse
vin Paillet
Billet
Millet
Tillet
Maillet
Iuillet
Fueillet
Barillet
Grillet grillon
Oeillet fleur
Oeillet d'habit

Douillet

MET

Sommet de montagne
Sommet de la teste
Armet
Gourmet
vn Plumet

Plus la troisiesme pers. du verbe *mettre*, & ses composez, *il met.*

NET

Net
Genet arbrisseau
Genet cheual
Lansquenet fantassin Alemand
Lansquenet jeu
Binet faire binet
Cabinet
Cabinet d'Allemagne.
Finet
Moulinet
Moulinet de monnoye
Moulinet jeu d'enfant
faire le Moulinet auec vn bastõ à deux bouts

Baſſinet fleur
Baſſinet de mouſquet
Couſſinet
ietter ſon Couſſinet
Martinet oiſeau
Martinet eſpece de chandelier
Robinet
Poignet de la main
Poignet de la chemiſe
Bonnet
Cochonnet petit cochon
Cochonnet jeu
Sonnet Poëſie
Samſonnet
Cornet à ancre
Cornet de papier, d'epice, &c.
Cornet de bouuier
Cornet patiſſerie
Cornet à jouer
Brunet
Iaunet fleur

PET

Pet
Tripet ne vouloir pas tripet
Coupet

Toupet

RET & RAIT

Ret filet
Cabaret tauerne
Cabaret herbe
Decret
Halecret
Diſcret
Indiſcret
Secret ſub.
Secret adi.

Dameret
Chardonneret
Gueret
Cofret
Regret
à Regret
Aigret
Maigret
vn Tiret
Clairet
vin Clairet
Foiret
Gorret cochon de lait
haran-Soret
Propret

Iarret
vn coupe-Iarret
Cotret
Duret
Furet
Fleuret à escrimer
Fleuret ruban
Seuret aigret
Seuret qui sent mauuais
Tabouret
Tabouret de Duchesse
Pauuret
Liuret
Trait d'Arbaleste
Trait boire vn trait
Trait corde
Trait tour, iouer vn trait
Trait d'escriture
Trait de visage
argent Trait
Attrait appas
Retrait lignager
Retrait priué
vn Extrait
Portrait

Plus la troisies. pers. des verbes en *raire*. il *brait*, *trait*.

SET. voy CET

TET

Motet
vn Oportet

VET

Hauet
Cheuet
Breuet
Caniuet
Riuet
Duuet

VET dis.

Blüet fleur
Muet
Floüet floüet
Iouet
Roüet à filer
Roüet d'arquebuze
estre au Roüet ne sçauoir que dire
Broüet

ALOES

peut rimer fauorablement auec le pluriel de ces noms

GVET

Guet
mot du Guet
Archer du Guet
Aguet
Daguet terme de chasse
Daguet aller d'aguet
Ginguet
Droguet estofe
Muguet fleur
Muguet galand
Longuet

QVET

Baquet
Caquet
Haquet
Claquet
Paquet
Taquet terme de Fauconnier
Affiquet
Niquet
Piquet jeu
Piquet pieu
planter le Piquet ter. de guerre
planter le Piquet fig. s'establir
Cliquet
Saupiquet
Sobriquet
Criquet petit cheual
Friquet oyseau
Friquet

Banquet
Trinquet voile de nauire

Bilboquet
Loquet
Roquet d'Euesque, de pelerin, &c.
Perroquet
Perroquet fig. homme qui ne dit que ce qu'il oit dire
Toquet

Parquet
Bosquet
Bouquet
Mousquet

ZET

Creuset
Biset
Marmouset

IT

BIT

Habit
Debit
Obit
Subit
Fourbit verbe
Subit verbe

CIT & SIT

Recit narration
Recit de balet

Plus diuers temps & perſ. des verbes en *cir* & *ſir*, *adoucit*, *tranſit*.

Plus diuers temps & perſ. du verbe *aſſeoir*, & ſes compoſez *aßit*.

DIT

Dit
Dedit
Edit
Credit
Maudit

Plus troiſieſme perſ. des verbes en *dir*, *tiedit*.

Plus la troiſieſme du pret. des verbes qui ont *dire* & *dre*, à l'infinitif, *meſdit*, *reſpondit*, *tordit*.

EIT

Obeit
Deſobeit

FIT

Profit
Confit
Deſconfit
Suffit
Bouffit

Plus la troiſieſme perſ. du verbe *faire*, & ſes compoſez, il *ſatisfit*.

GIT

Cy Giſt

Voy la troiſieſme perſ. des verbes en *gir*, *rougit*.

HIT CHIT

Voy la troiſieſme perſ. des verbes en *hir* & *chir*, *trahit*, *flechir*.

LT

Lit

Lit fig. mariage, du premier lit

Lit de riuiere

Lit couche, vn lit de paille sur vn lit de fruit

tour de Lit

Chalit

Delit

Pissanlit fleur

Pissanlit iniure d'enfans

Conflit

verbes

Lit

Eslit

Plus la troisiesme pers. des verbes en *lir*, *paslit*.

MIT

Voy la troisiesme pers. des verbes en *mir*, *fremit*.

Plus la troisiesme pers. du verbe *mettre*, & ses composez, *promit*.

NIT

Nid

chardon-Benit

pain Benit

grain-Benit

Zenit

Aconit poison

Plus la troisiesme pers. des verbes en *nir*, *punit*.

GNIT

Voy la troisiesme pers. du pret. des verbes en *indre*, *plaignit*. *ioignit*, *peignit*.

PIT

Decrepit

Despit sub.

Despit adj.

Respit

lettres de Répit

Rompit

Corrompit

Interrompit

Plus la troisiesme pers. des verbes en *pir*, il *s'acroupit*.

RIT

vn Escrit

coucher par Escrit
droit Escrit
Pere-Conscript il ne se dit qu'au pluriel
Preterit
Esprit
S. Esprit
Esprit Demon
Cheualier du saint Esprit
Contrit

Plus la troisiesme pers. des verbes en *rir*, *turit*.

Plus la troisiesme pers. des verbes en *rire*, *prendre*, & leurs composez, *escrit*, *prit*.

TIT

Petit
le Petit d'vn animal, il ne se dit guere qu'au pl.
Appetit
gagne-Petit

Plus la troisiesme pers. des verbes en *tir*, il *mentit*.

Plus la troisiesme pers. du pret. des verbes en *atre*, *batit*.

VIT

Vit

verbes

Entreuit
Preuit
Suiuit
Ensuiuit
Poursuiuit

Plus la troisiesme pers. des verbes en *vir*, *seruit*.

Plus le pret. du verbe *escrire*, & ses composez, *escriuit*.

VIT par V Diphtongue

Buiscuit de pastissier
Biscuit de mer
Circuit
Deduit
Reduit
Conduit
sauf-Conduit
Bruit
faux-Bruit
Fruit
Fruit dessert
Vsufruit

Produit d'Arithmetique
Nuit
Minuit
Messe de Minuit
Gratuit
don Gratuit
Fortuit
cas-Fortuit

verbes

Fuit
Enfuit
Suit
Ensuit
Poursuit

Plus la troisiesme pers. des verbes en *vire* & leurs composez, *traduit*.

OVIT

Voy les troisies. pers. des verbes en *ouir*, *ioüit*.

GVIT

Languit

QVIT

vn Acquit

verbes

Acquit
par maniere d'Acquit
Conquit
Vainquit
Conuainquit
Nasquit
Requit
Enquit

ZIT & SIT

Cousit
Décousit

Plus les trois. pers. des verbes en *zir*, *saisir*.

AIT voy ET

OIT

Doigt
sur le bout du Doigt par cœur

Foit foüet
Exploit militaire
Exploit de Iustice
Surcroist long, le T ne se sent pas

Droit adj.
vn Droit
Droit science
Endroit
Endroit d'estofe
Alendroit
passe-Droit
Adroit
mal-Adroit
Froid
faire Froid à quelqu'vn
Estroit
Destroit
ainsi Soit
Toit

Plus differens temps de tous les verbes, *aimoit*, *aymeroit*, *faisoit*, *feroit*.

ANT & ENT

BANT

Voy les part. des verbes en *ber*, *tombant*.

ÇANT, & CENT, SANT & SENT

Cent
Demicent
Cent jeu
Adiacent
Decent
Indécent
Récent
Innocent
Adolescent
Accent d'Ortografe
Accent de Prouince
Accent de Musique
vn Passant
Resplandissant
Croissant de la Lune
Croissant de jardinier
Croissant fig. le Turc
Absent
Puissant
Impuissant
tout-Puissant

verbes

Descend
Condescend
Sent

Plus les part. des verbes en *cer*, *ser*, *sser*, *aistre*, *oistre* & *ir*, *commençant*, *pensant*, *chassant*, *naissant*, *connoissant*, *subissant*.

DANT & DENT

Dent
parler entre ses Dents il ne se dit qu'au pluriel
à sa Dent pour à son dam
Surdent
Curedent
Claquedent
Trident
Chiendent
Precedent
Pedant
Accident euenement
Accident mal-heur
Accident ter. de Philosophie
Occident
Incident
Euident
President
Resident
Euident
Ascendant des Astres
prendre Ascendant
Transcendant
Fendant coup d'espée
faire le Fendant
Pendant d'espée
Pendant d'oreilles
couteau-Pendant fig.
Pendant
Cependant
vn-Pretendant
Intendant
Surintendant
vn Respondant
Correspondant
Ardent
poil Ardent roux
Ardent feu folet
Mordant de carrosse
Impudent
Prudent
Imprudent

Plus les part. des verbes en *der* & *dre*, *demandant*, *mordant*.

EANT

Neant
homme de Neant
Feneant
Geant
Seant qui est assis
en son Seant
Seant qui vient bien

Messceant
vn Mescreant
Escheant

Plus les part. des verbes en *eer*, *agreant*.

FENT & FANT

Enfant
Elefant
Infant d'Espagne

Fend
Pourfend
Defend

Plus les part. des verbes en *fer*, *estoufant*.

GANT & GVANT

Suffragant
Elegant
Brigant
Arogant
Gant
Onguent
gomme Adragant
Fringant

Plus les part. des verbes en *guer*, *voguant*.

GENT & GEANT

Gent peuple vieux mot
Gent propre
Agent
Regent
Diligent
Negligent
Indigent
Entregent
Argent
Argent toute monnoye se nomme argent
vif Argent
toile d'Argent
Astringent
Contingent
Sergent
Vrgent

Plus le part. des verbes en *ger*, *mangeant*.

CHANT

Chant
Couchant occident
chien Couchant
faire le chien Couchant fig. se soumettre

le Trenchāt d'vne lame
Escuyer Tranchant
Meschant
Marchand
Sçachant de sçauoir

Plus le part. des verbes en *cher, crachant*.

IANT & IENT par I voyelle

vn Estudiant
Expedient
Ingredient
Mendiant pauure
Mendiant Religieux
des 4. Mandiants dessert de Caresme
Client
Riant verbe
Souriant verbe
Patient
Impatient
vn Patient vn Criminel
Æscient
à bon Escient
Orient
Friand

Plus les part. des verbes en *ier, iustifiant*.

LANT & LENT

Chalant
Nonchalant
Talent somme d'argent
Talent fig. qualité d'esprit
Valant de valoir
Preualant
Lent
Appellant
Dolent
Vigilant
Sanglant
Violent
Equipolent
vn Insolent
Insolent adj.
Volant jeu
passe-Volant
Equivalant
Turbullent
Opulent
Excellent

Voulant
vn Coulant de Diamant
Galand seruiteur
Galand du bel ait
Galand nœud de ruban
Brelant
Gland fruit
Gland de rabat

Plus les part. des verbes en *ler*, *parlant*.

ILLANT

Vaillant qui a de la valeur
Vaillant richesse
mal-Veillant
bien-Veillant
Feüillant Religieux
Semillant
Fretillant

Plus les part. des verbes en *iller*, *chamaillant*.

MANT & MENT

Il y a vne si grande quantité de rimes de cette terminaison, & on en peut encore tant faire, que ie ne mettray que les plus vsitées

Premierement les part. des verbes en *mer*, *declamant*.

MENT & AMANT

Ment verbe
Dement verbe
Amant
Medicament
Infamant
Ligament
Diamant
en pointe de Diamant
Lineament
Filament
Temperament
Temperament du corps
Temperament biais, trouuer vn temperament
Firmament

EMENT

Vehement
Superbement

CEMENT

CEMENT

Agencement
Eslancement
Commencement
Auancement
Escharcement
Remboursement
Doucement

DEMENT

Entendement
Profondement
Rondement
Gaillardement
Mignardement
Sordidement
Timidement
Solidement
Validement
Humidement
Auidement
Commodement
Incommodement
Rudement
Laidement
Roidement
Froidement
Grandement
Lourdement
Secondement
Chaudement
Debandement de troupes
Mandement
Contremandement
Commandement
Amandement
Entendement
Fondement
Fondemẽt de derriere
Retardement
Debordement

GEMENT

Saccagement
Engagement
Soulagement
Dedommagement
Sagement
Alegement
Abregement
Rengregement
Logement
Deslogement
Iugement

Iugement *sentence*
iour du Iugement
Changement
Arrangement
Alongement
Prolongement
Estrangement
Largement
Regorgement

GVEMENT

Prodiguement
Longuement

CHEMENT

Sechement
Allechement
Chichement
Richement
Blanchement
Franchement
Retranchement
Retranchement d'armée
Laschement
Empeschement
Freschement
Truchement
Abouchement
Acouchement

IEMENT

Licentiement
Remerciement
Reniement

LEMENT

Diametralement
Magistralement
Liberalement
Moralement
Royalement
Principalement
Salement
Verbalement
Element
Element de Grammaire, &c.
Element pour plaisir
Seulement
Acculement
Reculement
Chancelement
Fidellement
Formellement
Iournellement
Bellement
Beeslement

Habilement
Debilement
F[illegible]ilement
Imbecilement
Docilement
Agilement
Tranquilement
Sterilement
Puerilement
Virilement
Vtilement
Inutilement
Subtilement
Vilement
Ciuilement
mort Ciuilement
terme de Palais
Inciuilement
Seruilement

Follement
Viollement
Mollement
Nullement
Parlement
Roulement
Roulement de voix

BLEMENT

Accablement
Irreuocablement
Probablement
Agreablement
Amiablement
Semblablement
Raisonnablement
Admirablement
Honorablement
Fauorablement
Charitablement
Entablement
Lamentablement
Deplorablement
Passablement
Espouuantablement
Noblement
Affublement
Tremblement
Humblement
Siflement
Chiflement
Souflement
vn Reiglement
Reiglement
Baillement

Pareillement
Habillement
Chatoüillement
Fretillement
Triplement
Simplement
Complément terme de Mathematique
Suplement
Accouplement
Doublement
Redoublement

MEMENT

Infamement
Extremement
Mesmement
Magnanimement
Vnanimement
Legitimement
Illegitimement
Fermement
Conformement
Armement
Enormement
Nommement

NEMENT

Profanement
Auenement
Euenement
Finement
Raffinement
Clandestinement
Enterinement
Deuinement
Diuinement
Obstinement
Auenement
Communement
Prochainement
Plainement
Vilainement
Soudainement
Humainement
Inhumainement
Soudainement
Sainement
Hautainement
Certainement
Vainement
Chrestiennement
Moyennement

Bonnement
Mignonnement
Gloutonnement
Estonnement
Raisonnement.
Oignement
mauuais Garnement
Ornement
Adiournement

PEMENT

Achopement
Rompement de teste
Descampement

REMENT

Egarement
Parement d'habit
Parement d'Autel
Barbarement
Rarement
Auarement
Deliberement
Sincerement
Moderement
Considerement
Inconsiderement
Legerement
Cherement
Descsperement
Austerement
Seuerement
Seurement
Pirement
Obscurement
Durement
Purement

IEREMENT

Fierement
Particulierement
Singulierement
Familierement
Premierement
Coustumierement
Dernierement
Dernierement depuis peu
Grossierement
Entierement

AIREMENT

Vulgairement
Clairement
Sommairement
Ordinairement

Extraordinairement
Neceſſairement
Salutairement
Solitairement
Volontairement
Solidairement mot de pratique
Notoirement
Voirement
Bizarement
Entierement
Murement
Librement
Sobrement
Denombrement
Denombrement de vaſſal
Sacrement
Mediocrement
Excrement
Tendrement
Safrement
Aigrement
Alaigrement
Maigrement
Proprement
Improprement
Aſprement

Pietrement
Opiniaſtrement
Folaſtrement
Siniſtrement
Autrement
Accoutrement
Dextrement
Pauurement
Recouurement

SEMENT

Baſſement
Soubaſſement
Enlaſſement
Entrelacement
Paſſement
Graſſement
Embraſſement
Embraſſement
Expreſſement
Acroiſſement
Decroiſſement
Euanoüiſſement
Encenſement
Enfoncement
Renuerſement
Peruerſement
Diuerſement

Fauſſement
Tremouſſement
Doucement

Plus on pourra former de ces rimes ſur les verbes en *cir*, *eſclaircir*, *eſclairciſſement*, *adouciſſement*.

TEMENT

Batement
Esbatement
Delicatement
Immediatement
Ingrattement
Doucettement
Douillettement
Nettement
Secrettement
Diſcrettement
Indiſcrettement
Subitement
Tacitement
Petitement
Gratuitement
Sottement
Deuotement
Exactement
Directement
Indirectement
Correctement
Doctement
Parfaitement
Imparfaitement
Traitement
Droitement
Adroitement
Maladroitement
Eſtroitement
Occultement
Enfantement
Lentement
Dolentement
Contentement
Eſpouuentement
Preſentement
Succintement
Promptement
Saintement
Apointement accord
Apointement penſion
Partement
Appartement
Departement
Vertement
Ouuertement
Couuertement
Diſertement

Acortement
Fortement
Deportement
Comportement
Veſtement
Honneſtement
Deshonneſtement
Viſtement
Chaſtement
Modeſtement
Leſtement
Manifeſtement
Triſtement
Robuſtement
Iuſtement
Iniuſtement
Ajuſtement
Hautement
Degoutement

VEMENT

Lauement
Brauement
Grauement
Brieuement
Grieuement
Conſecutiuement
Exceſſiuement
Incluſiuement

Plus on peut former de ces rimes ſur les noms en *if*, *laſcif*, *laſciuement*.

VEMENT

Düement
Ambiguement
Nüement
Remüement
Crüement
Congrüement
Tuëment

QVEMENT

Pudiquement
Magnifiquement
Tragiquement
Melancoliquement
Publiquement
Diaboliquement
Obliquement
Poëtiquement
Autentiquement
Ruſtiquement
Reciproquement
Manquement
Embarquement

Desbarquement
Brusquement
Historiquement

YEMENT

Gayement
Payement
Vrayement
Tournoyement
Nettoyement
Festoyement
Desuoyement

ZEMENT

Embrasement
Ingenieusement
Soigneusement
Precieusement
Deguisement
Amusement
Brisement
Dédaigneusement
Pompeusement

Plus on pourra former de ces rimes sur les noms en *eus*, *hazardeus*, *hazardeusement*.

IMENT

Ciment
Hardiment
Poliment
Ioliment
Aliment
Detriment
Gentiment
Bastiment
Compliment
Infiniment
Orpiment
Chastiment
Sentiment
Sentiment auis
Compartiment

Aimant pierre
Caimant

EMMENT

Innocemment
Euidemment
Prudemment
Ardamment
Elegamment
Arrogamment

Diligemment
Negligemment
Meſchamment
Patiemment
Impatiemment
Nonchalamment
Galamment
Vigilamment
Violemment
Inſolemment
Turbulemment
Opulemment
Excellemment
Vaillamment
Pertinemment
Impertinemment
Frequemment
Conſequemment
Eloquemment
Apparemment
Differemment
Indifferemment
Reueremment
Ignoramment
Puiſſamment
Competamment
Precipitemment
Suffiſamment

Comment
Froment
Serment de vigne
Serment iurement
Tourment
Gourmand

VMENT

Argument
Iumant
Emolument
Diſſolument
Reſolument
Abſolument
Monument
Monument tombeau

Loyaument
Deſloyaument

NANT & NENT

Manant
Remenant
Permanent
Tenant d'vn tournoy
Tenant auare
Tenant d'heritage
Attenant

d'vn Tenant tour d'vn tenant
Caresme-prenant
Maintenant
Moyennant
Lieutenant
Auenant qui sied bien
vn Suruenant
Alauenant
Eminent
en Recriminant
Continent chaste
Incontinent
Continent terre ferme
Incontinent
Pertinent
Impertinent
Abstinent
Ponent
Ponent le derriere

Plus les part. des verbes en *nir*, *tenant*.

Plus le part. des verbes *prendre*, *tenir*, *venir*, & leurs composez, *prenant*, *tenant*, *venant*.

GNANT

Voy les part. des verbes en *gner* & *indre*, *gagnant*, *plaignant*.

PANT & PENT

Arpent
Serpent
Repent de repentir
lion Rampant terme d'Armoirie

Plus les part. des verbes en *per*, & *ompre*, *coupant*, *rompant*.

Plus diuers temps & pers. du verbe *pendre*, & ses composez, *pend*.

RANT & RENT

Garant
Parent
Different
vn Different
Indifferent
Ignorant
Restaurant
le Courant le mois

le Courant de l'eau, des affaires
vn Courant d'eau
sçauoir tout Courant, par cœur
bleu Mourant

Grand
Torrent
Concurrent

Plus les part. des verbes en *rer*, *deferant*.

Plus diuers temps & perſ. du verbe *rendre*, & ſes compoſez *rend*, *prend*.

SSANT voy CENT

SANT voy ZANT

TANT & TENT

Tant
tant à Tant
tant & Tant
Batant de porte, de feneſtre
Partant
Pourtant
Nonobſtant
d'Autant
vn Combatant
Competent
Exhorbitant
Comptant de l'Eſpargne
Content adj.
Comptant argent comptant
tout Content adv. à l'inſtant
mal-Content
Impotent
Eſtant
vn Proteſtant
Diſtant
Inſtant
à l'Inſtant
Conſtant
tambour Batant
Iuge Incompetant
Arc-boutant

Plus les part. des verbes en *ter*, *atre*, *etre*, & d'vne partie de ceux en *tir*, *deteſtant*. *batant*, *mettant*, *mentant*.

Plus diuers temps & perſ. du verbe *tendre*, & ſes compoſez, *tend*.

VANT & VENT

Vent
moulin à Vent
Auuent
vn Contreuent
vn Parauant
Engouleuent
Auant
bien-Auant
Sçauant
Doresnauant
Deuant
Deuant tablier
au Deuant
Auparauant
Leuant Orient
Suruiuant
Conuent
Feruent
Souuent

verbes

Vend
Suruend

Plus les part. des verbes en *ver*, & *oudre*, *lauant*, *resoluant*.

Plus le part. des verbes en *voir*, *viure*, *suiure*, *escrire*, & leurs composez, *excepté*, *auoir*, & *pouruoir*, *conceuant*, *viuant*, *suiuant*, *escriuant*.

VANT & VENT diff.

Chahüant
Püant
Truant
Gluant
Confluent de deux fleuues

Plus les part. des verbes en *ver*, *atribuant*.

QVANT & QVENT

Quand
Quant
quant & Quant
Frequent
Consequent
par-Consequent
Clinquant
Delinquant
Vainquant
Conuainquant
Choquant
Eloquent

Plus les part. des verbes en *quer*, *pratiquant*.

OVANT XANT

Voy les part. des verbes en *oüer*, & *xer*, *nouant*, *taxant*

YANT

Fuyant
Bruyant

Plus le verbe en *yer*, *aboyant*

ZANT & ZENT

Present
Present don
temps Present
Apresent
Faisant oiseau
Plaisant

Complaisant
vn bien Disant
ver Luisant
Suffisant
vn Oposant terme de Palais

Plus les part. des verbes en *zer*, ou *ser*, *rasant*.

Plus le part. d'vne partie des verbes en *aire*, *ire*, *faisant*, *disant*.

ENT par E masculin

Fient

Plus diuers temps & pers. des verbes *tenir*, *venir*, & leurs composez, *tient*, *vient*.

ENT par E fem.

Cette terminaison se trouue presque dans tous les temps des verbes, excepté au futur, comme, *ayment*, *aymerent*, *aymeroient*, *aimoient*, *aymassent*.

INT

Voy les verbes *tenir*, *venir*, & leurs composez, *tint*, *vint*.

AINT & EINT

Maint
Saint
Demiceint
Atteint de maladie

Plus diuers temps & pers. des verbes en *aindre*, & *eindre*, *plaind*, *ceind*.

OINT

vieux Oint
Point pas
Point adv.
Point du iour
Point de couture
Point de discours
arrierePoint
petit-Point ouurage de tapisserie
Pourpoint
vn Adioint terme de Palais

Plus diuers temps & perſ. des verbes en *oindre, ioint.*

ONT

Ont
Sont
Mont montagne
à Mont
Contremont
vent d'Amont
Pont
Heleſpont
Front
Affront
Prompt
Rompt de rompre
Interrompt
Rond

Plus diuers temps de tous les verbes *font, morfond, mangeront.*

VNT

Deffunt adj.
Deffunt ſub.
Emprunt nom

OT

pié-Bot
Chabot poiſſon
Iabot
Nabot
Rabot
Sabot
Sabot à ioüer
Eſcarbot
Turbot poiſſon

Eſcot
Subreſcot
Chicot
Abricot
Haricot legume
Haricot ter. de cuiſine

Surcot
Dot

Cagot
Fagot
Magot singe
Magot iniure
Magot thresor
Ragot
Bigot
Gigot
Gigot se prend au pluriel pour les genoux
Larigot fluste
en tire-Larigot
Lingot
Escargot
Argot
Cahot de charrette
Cachot
Manchot

Idiot
Pouliot
Piot
Loriot oyseau
Triot
Petiot
Chariot

Lot
Falot flambeau
Falot iniure
Angelot fromage
Angelot monnoye
Camelot
Matelot
Iauelot
Mililot herbe
Complot
Sanglot
Culot
Brulot
Goulot
Billot
Maillot d'enfant
Vieillot
Mot
Mot dit notable
Mot du guet
Marmot
Minot

Pot marmite
Pot mesure
Pot arme
tourner autour du Pot
Capot terme de jeu

Tripot

Rot
Sirop
Surot
Garot
Tarot jeu
Aſtarot
Trot de cheual
Sot
Cuiſſot de chevreuil
Pauot herbe
Pauot fig. le ſommeil
Deuot
Piuot
Mugot

APT

Rapt

EPT

Sept, le P ne ſe prononce point. voy. Et

ART voy ARD

ERT

verbes

Aquiert
Requiert
Enquiert
Conquiert
Affiert vieux mot
Offert
Soufert
Perd
Apert
Sert
Deſſert
Couuert
Couuert bien veſtu
Couuert qui a ſon chapeau ſur la teſte
vin Couuert
Decouuert
mal-Couuert

Noms

Haubert
Concert
Deſſert
vn Expert
Verd
Verd qui n'eſt pas meur
Verd qui n'eſt pas ſec
Verd vigoureux
lit Verd

Piuert
Ouuert
Ouuert franc
Couuert de table
Couuert ombrage
Couuert caché
Desert sub.
Desert adj.
Disert

ORT

Accort
Fort
Fort adj.
Fort d'vn bois
Fort forteresse
Fort d'vne boule
Effort
Renfort
Confort
Reconfort
Deconfort
Milort grand d'Angleterre
la Mort
mort adj.
vn Mort
Port de mer
Port azile
Port de lettre
Aport grace, maintien
Raport de bouche
Raport de procez
terre de Raport
Sort de sortir
Sort destin
Sort de magie
ietter au Sort
Ressort d'arquebuse, &c.
Ressort fig. ce qui anime
Ressort iuridiction
Ressort verbe
vn Tort
faire Tort
auoir Tort
à Tort

Plus les rimes en *ord*.

EVRT

Heurt
Meurt

OVRT

Court adj.

Lourd
Sourd
lime-Sourd

Plus diuers temps du verbe *courir*, & ses composez, *court*.

AST dont l'S ne se prononce point, & le T ne se sent guére

Bast de mulet
Degast
Mast
Apast

Plus diuers temps des verbes en *er*, *aimast*.

EST & AIST

Est
Plaist
Deplaist
Complaist
Naist
Paist
Taist

Noms

Benest
Arrest
Arrest de Iuge
lance en Arrest
Prest estre prest
vn Prest terme de finance
Aprest
Interest
Interest de constitution
Test

EST dont l'S se prononce

Noms des vents

Est
Ouest
Nordest
Sudest, &c.

Les suiuans me paroissent vn peu plus brefs, que les precedens

Zest exclamation
Zest neant
Zest d'orange, de noix, &c.
Zest à se poudrer

IST

L'S ne se prononçant point

i'ay mis ces rimes auec celles en *it*.

AIST voy EST

OIT

Voy les verbes en *oistre*, *connoist*.

VIST voy VIT

OST

Ost d'armée vieux mot
Depost
Impost
Rost
Tost
bien-Tost
aussi-Tost
Tantost
Preuost de Iustice, &c.
Preuost de sale

Plus quelques temps du verbe *clorre*, & ses composez *clost*.

Plus voy les rimes en *aut*, & *aud*.

VST voy VT, car l'S ne se prononce pas

OVST voy OVT

VT EVT & VST EVST car ils se prononcent de mesme

Vt notte de Musique
But
But dessein
But à but
Tribut
enfant de Tribut
Rebut
Atribut
Belzebut
Scorbut maladie de mer
Chut
Lut
Salut salutation
faire son Salut
Preciput
Rut terme de chasse
estre en Rut fig.
Statut
Substitut

verbes

il But

Debut
Imbeut
Vescut
Suruescut
Resolut
Moulut
Emoulut
Pollut
Pleut
Compleut
Despleut
Put de puir

Plus diuers temps & pers. des verbes en *oir*, excepté, *asseoir*, *sursoir*, *voir*, *pourueut*.

Plus la mesme pers. des verbes en *oistre*, *connut*.

Plus le mesme temps d'vne partie des verbes en *rir*, *courut*.

AVT & AVD

Caut
Ribaud

Badaud
Lourdaut
Sourdaut
Faut de falloir
Faut de faillir
vn Defaut
Defaut vice
Defaut terme de Palais
Defaut de la Lune
vn faire le Faut
Gerfaut oiseau

Nigaut
Trigaut
Rougeaut

Haut
Enhaut
d'Enhaut
Chaud
il y fait Chaud dangereux
Eschafaud
Reschaud
Freland
Touillaud
Grimaud
Baguenaud
Quinaut
Marpaud
Crapaut
Crapaut iniure

Coupaut
Maraut
Heraut
Noiraut
Assaut d'assaillir
Saut
Assaut
Sursaut
Tressaut
Subresaut
de plein Saut

Taud
Surtaut
Pitaut
Courtaud cheual
Courtaud chien
Courtaud de boutique
Courtaud diminutif de court
Rustaud
Vaut
Preuaut de preualoir

Plus voy les rimes en *ost*.

EVT où la diphtongue EV se prononce

Pleut de pleuuoir
Meut
Esmeut
Peut
Deut de douloir
Veut

OVT & OVST

Bout
venir à Bout
Debout
haut-Bout
bas-Bout
Esgout
Tout adj.
Partout
à Tout terme de jeu
passe par-Tout
Iean fait Tout

Aoust
Coust
Goust

verbes

Boust
Coust
Moust
Esmoust
Soust de souder

Souſt vn argument
Reſouſt
Abſouſt
Diſſouſt

V & EV ſe prononçant de meſme, ie les ay mis enſemble

EV

V lettre de l'Alphabet
Eu du verbe auoir

BV & BEV
verbes

Beu verbe
Imbeu
Debeu terme de desbauche

Noms

chou-Cabu
Raſibu ou raſibus
Barbu
Herbu
Fourbu

CV qui ſe prononce comme QV

Q lettre de l'Alphabet
Cul L ne ſe prononce pas
Cu de bouteille, de ſac, &c.
Acu terme de chaſſe
Acu il eſt à cu
Eſcu bouclier
Eſcu monnoye
quart-d'Eſcu, &c.
Grate cu
ſçauoir ſon Gratecu
Coupercu, vn Copecu, à Coupecu — termes de jeu
Bouttecu
Trouſſecu chauſſe à trouſſecu
à l'Ecorchecu
Veſcu
Surueſcu
Iean cu iniure
Fichencu jeu
Vaincu
Inuaincu
Conuaincu
Cocu oyſeau
Cocu iniure
clos-Cu derriere

CEV & SEV

Sceu
à son Sceu
Insceu
Conceu
Deceu
Receu
Aperceu

Issu
Tissu
vn Tissu
Ossu
Bossu
Moussu

DV & DEV

Capendu fruit
Dodu
Assidu
Indiuidu
Residu
Deu du verbe deuoir

Plus le pret. & part. des verbes en *endre*, & *ondre*, excepté *prendre*, *semondre*, & leurs composez, *tendu*, *tondu*.

Plus le pret. & part. des verbes en *ordre*, *mordu*.

FV

Toufu

GV

Begu
Aigu
accent-Aigu
angle Aigu
Bisaigu terme de charpentier
Ambigu
Ambigu espece de festin
Contigu

HV

Bahu
pié de Bahu

CHV & CHEV

Cheu
Descheu verbe
Escheu

Iean Fichu iniure
Branchu

Fourchu

LV & LEV

Leu verbe
Esleu
Esleu charge
Esleu predestiné
Talud le D ne se prononce pas
Valu
Preualu
Pelu
Mammelu
Velu
cu-Velu fleur
Cheuelu
Rablu
Iouflu
Glu
Feuillu
Superflu
vrlu-Brelu
Polu
Dissolu
Absolu
Resolu
Irresolu
Deuolu
Reuolu
Pleu de plaire
Pleu de pleuuoir
Goulu
Voulu
mal-Voulu
Moulu
Esmoulu
Vermoulu

MV & MEV

Meu verbe
Esmeu
Promeu

NV & NEV

Nu
Ingenu
Chenu
Menu
Grenu
Saugrenu
Connu verbe
Inconnu
Meconnu
Ponnu
le Contenu d'vne lettre, &c.

Reuenu d'vn bien
Continu
Charnu
Cornu

Plus le pret. & part. des verbes *uenir*, *tenir*, & leurs composez, *tenu*, *venu*.

PV & PEV

Peu de pouuoir
Peu de puir
Crespu
Rompu
Rompu roüé
Rompu descente de boyau
Rompu fig. d'vne amitié
Interrompu
Corrompu

QV voy CV

RV & REV

Paru verbe
Apparu
Comparu
Disparu
Bourru adj.
Moine Bourru
vin Bourru
Membru
Cru terroir
Cru fig.
Crû de croire
Creu de croistre
armé à Cru
botté à Cru
Recru las
Feru
Dru
Gru son
Congru
Incongru
Malotru
Ventru

SV voy ÇEV.

TV & TEV

Teu de taire
Courbatu d'vn cheual
Patu
Pointu
Vertu
Tortu
Festu

cogne-Festu
Testu
Vestu
Reuestu
vn Impromptu

Plus le pret. & part. de *battre*, & ses composez, *battu*.

VEV

Pourueu ad. moyennant
A l'impourueu
au Despourueu

Plus les part. & pret. des verbes en *voir*, excepté, *auoir*, *despourueu*.

Z V

Couzu
Decouzu

A V

Gerfau oiseau
la-Hau terme pour appeller
Fillau
Pau pieu
Costau
Cartau
Rougeau
Noirau

Ceux-cy sont brefs

Estau de boucher
Gruau farine d'auoine

E A V

Eau
auau-l'Eau
couleur d'Eau
porteur d'Eau
poule d'Eau

BEAV

Beau
Escabeau
Lambeau
Lambeau d'armoirie
Flambeau
Flambeau chandelier
porte-Flambeau gueridon
Tombeau
vain Tombeau
Barbeau poisson
Corbeau

CEAV voy SEAV

DEAV.

Cadeau mot nouueau
Bedeau
Rideau
Bandeau
Rondeau de table
Rondeau Poësie
Rondeau grand bassin d'eau
Blondeau
Fardeau
Renardeau
Batardeau de riuiere
Cordeau
Chaudeau
Estoudeau
Radeau

LEAV.

Bouleau arbre
Rouleau de bois
Rouleau d'escriture
Tableau
Fleau
Fleau d'vne balance
Fleau persecuteur
Tuileau

MEAV

Hameau
Rameau
Chameau
Iumeau frere jumeau
Gemeau signe du Zodiac
Gremeau de sang
Pommeau
Ormeau
Chalumeau

NEAV

Anneau bague
Agneau
Panneau de vitre
Panneau filet de chasse
donner dans le Panneau fig.
Panneau ieune paon
Vanneau oyseau
Creneau
Traisneau
Pruneau

Moineau
Tonneau
Larronneau
Chaponneau
Fauconneau
Pigeonneau
Cerneau
Fourneau
Estourneau

PEAV

Peau
Apeau
Chapeau
Drapeau linge
Drapeau enseigne
Pipeau
Oripeau
Copeau
Coupeau
Troupeau

REAV

Reau monnoye
Carreau à carreler
Careau de iardin
Careau fer de tailleur d'habits
Careau gros brochet
Careau peinture de cartes
Careau d'arbaleste
Careau de la foudre
Careau coussin
franc du Careau jeu
ietter sur le Carreau tuer
Hobreau petit Gentil-homme
Hobreau oyseau de proye
Tombereau
Bordereau
Blereau
Maquereau
Maquereau poisson
Sautereau
Sautereau de brie
Chantereau
Dancereau
Passereau oyseau
Moreau
Porreau legume
Porreau mal
Bureau estofe
Bureau d'homme d'affaire, &c.

Bureau de Tresoriers
Bureau le procés est sur le bureau
Blandureau pomme
Godelureau
Pastoureau
Barreau grille de fer
Barreau d'Auocats
Merreau
Bourreau
Bourreau iniure
Fourreau
faux-Fourreau
Sureau arbre
Chevreau
Preau

SEAV & CEAV

Seau à séeller
Seau à mettre l'eau
Vermisseau
Arbrisseau
Faisseau botte
Faisseau marque des Magistrats Romains
Vaisseau
Vaisseau nauire
Vaisseau veine

Boisseau
Ruisseau petite riuiere
Ruisseau de la ruë
Rousseau
Trousseau de clefs
Trousseau d'enfant
Pinceau
Lionceau
Panonceau
Monceau
Iouuenceau
Cerceau
Morceau
Pourceau
Puceau

TEAV

Bateau
Plateau
Rateau
Treteau
Chapiteau
Escriteau
Boteau de foin
Chanteau
Manteau
Manteau de cheminée

blanc-Manteau Religieux
Portemanteau
Deuanteau
Fronteau
Marteau
Tourteau
Gasteau
Chasteau
Poteau
Bluteau
Louueteau
Couteau
Couteau petite espée
Couteau de miel
Louueteau ieune loup

VEAV

Veau
ri-de Veau
Veau iniure
pié de Veau reuerence
Escheueau de fil
Escheueau cheueux en escheueau
Caueau
Naueau
Niueau
Maniueau
Soliueau
Ceruéau
Cuueau
Bouueau
Nouueau
Renouueau printemps

ZEAV

Nazeau
Rezeau
Cizeau
Bizeau de pain
Bizeau de miroir
Roseau
Fuseau
Museau
Houseau
Oyseau
un Damoiseau

YAV

Boyau
Ioyau
Hoyau
Aloyau
Noyau

Tuyau

Nicolas Tuyau iniure

EV diphtongue

Feu

Feu fig. famille, il a cent feux, &c.

Feu deffunt

lance à Feu

boute-Feu

Heu

Ieu

à deux de Ieu

Enjeu

Alleu

franc-Alleu

Bleu

cordon-Bleu qui a l'Ordre du Roy

Neud

Peu

Vœu

Aueu

Desaueu

Cheueu

Neueu

Verueu filet à pescher

IEV & YEV

Dieu

Hostel-Dieu

demi Dieu

Filles-Dieu

Feste-Dieu

Adieu

dernier Adieu la mort

denier Adieu

vn prie-Dieu

Lieu

Milieu

Pieu

Espieu

Escurieu

Essieu

Moyeu d'œuf

Moyeu fig. le milieu

Moyeu d'vne roüe

Cayeu

Camayeu

OV

Ou

Hibou

Cou col

nuque

nuque du Cou
chignon du Cou
Mouchoir de Cou
Licou
Coucou
Padou fleuret
Fou fol
Hou arbruisseau
Chou legume
Chou pastisserie
tron de Chou
vieille Houhou iniure
faire le Houhou
vn Bijou
Lou loup
Lou vlcere
Clou
Clou petite apostume
Caillou
Filou
Mou mol
Mou poulmon de beste
Genou
loup Garou
loup Garou fig. homme melancolique
Escrou d'vn prisonnier
Prou

Trou
Sou sol
Sou saoul
Matou

X

L'X & l'S se prononçans de mesme à la fin des mots, ie les ay mises ensemble; mais aux mots qui suiuent l'X y estant necessaire, ie les ay mis icy

AX

Ajax
Borax
Storax
Entrax

EX

Perplex

IX

Stix fleuue d'enfer
Phenix oiseau
Phenix fig. vnique
Prefix
Onix pierre precieuse
Crucifix

Y

L'Y & l'I se prononçant de mesme à la fin des mots ie les ay mis ensemble.

Z

Le Z, & l'S se prononçant de mesme à la fin des mots, ie les ay mis ensemble

FIN

PRIVILEGE DV ROY.

LOVIS par la Grace de Dieu, Roy de France & de Nauarre, A nos Amez & Feaux Conseillers les Gens tenans nos Cours de Parlement, Maistres des Requestes Ordinaires de nostre Hostel, Baillifs, Seneschaus, Preuosts, leurs Lieutenants, & à tous autres de nos Iusticiers & Officiers qu'il appartiendra, Salut. Nostre cher & bien Amé, AVGVSTIN COVRBE' Marchand Libraire à Paris, Nous a fait remonstrer qu'il desireroit imprimer *vn nouueau Dictionnaire de Rimes*, s'il auoit nos Lettres sur ce necessaires, lesquelles il nous a tres-humblement supplié de luy accorder. A CES CAVSES, Nous auons permis & permettons par ces presentes à l'Exposant d'Imprimer, ou faire imprimer, vendre & debiter en tous les lieux de nostre obeïssance, ledit liure en vn ou plusieurs volumes, en telles marges & tels carracteres, & autant de fois qu'il voudra, durant six ans entiers & accomplis à compter du iour que chaque volume sera acheué d'Imprimer pour la premiere fois, & faisons très-expresses deffences à toutes perſonnes de quelque qualité & condition qu'elles ſoient, de l'imprimer, faire imprimer, vendre, ny debiter en aucun lieu de noſtre obeiſſance, ſoubs pretexte d'augmentation, correction, changement de titre, fauſſes marques, ou autrement, en quelque ſorte & maniere que ce ſoit, ſans le conſentement de l'expoſant, ou de ceux qui auront droit de luy, à peine de quinze cens liures d'amende, payables par chacun des contreuenans, & applicables vn tiers à nous, vn tiers à l'Hoſtel Dieu de Paris, & l'autre tiers audit expoſant, de confiſcation des exemplaires contrefaits, & de tous depens dommages & intereſts. *A condition qu'il ſera mis deux exemplaires deſdits liures en noſtre Bibliotheque publique, & vn en celle de noſtre tres-cher & Feal, le ſieur Seguier Cheualier Chancellier de France*, auant que de l'expoſer en vente, à peine de nullité des preſentes, du contenu deſquelles nous voulons que vous faciez iouir pleinement & paiſiblement l'expoſant ou ceux qui auront ſon droit, empeſchant qu'il ne leur ſoit donné aucun empeſchement, VOVLONS auſſi qu'en mettant au commencement ou à la fin de chaque volume dudit liure, vn extraict des preſentes, elles ſoient tenuës pour deuëment signifiées, & que foy y soit adioustée & aux copies collationnées par l'vn de nos Amez & Feaux Conseillers & Secretaires comme à l'Original. Mandons au premier nostre Huissier ou Sergent sur ce requis de faire pour l'exposition d'icelles tous exploits necessaires, sans demander autre permission. CAR tel est nostre plaisir, nonobstant clameur de Haro, Chartre Normande, &autres lettres à ce contraires, DONNE' à Paris le neufiesme iour de Mars l'an de Grace mil six cens quarante-huict; Et de nostre Regne le cinquiesme. Signé, par le Roy en son Conseil, CONRART. Et Seellé.

Acheué d'imprimer pour la premiere fois le treziesme iour de Iuin 1648.

Les Exemplaires ont esté fournis.

ERRATA.

Pag 25. Col. 2. terme *en* blason, lisez terme *de* blazon. p. 28 c. 1. le dernier mot l. *eschasse.* au lieu de *chasse.* p. 30. c. 2. indice d'vn *lieure*, l. d'vn *liure.* p. 31. c. 1. *cisse.* l. *clisse.* p. 31. c. 1. *vn* coulisse l. *vne* coulisse p. 36. c. 2. *ner* l. *nir.* p. 38. c. 2. *susse.* l. *sceusse.* p. 39. c. 2. *toute*, l. *tourte.* p. 48. c. 2. ILRI l. ILLRI. p. 48. c. 2. en *tripler* l. en *pler.* p. 49. c. 1. de *la* beste l. de beste. p. 51. co. 2. en *rree* l. en *rrer.* p. 53. c. 2. *essuyer.* l. *essuyée.* p. 56. c. 2. *chariage* l. *cariage.* pag. 62. col. 2. de *seruice* l. de *serrurier.* pag. 67. col. 2. *cie* l *cier.* pag. 68. col 2. *pacifie* l. *purifie.* pag. 69. col. 1. *Abaie* l. *Abbaye.* pag. 70. col. 2. *mier* l. *mir.* p. 76. c. 1. faire *sa vie* l. *la vie.* p 88. c 2. *feindre vil* l. *fem. de vil de*, &c. p. 92. c. 1. *barbouiller* l. *barbouille.* p. 95. c. 1. *grester* l. *greste.* p. 97 c. 2. *ter-Dame* l. *tre Dame.* p. 107. col. 1. *ferme* l. *terme.* p. 121. c. 1. lig. 17. *prendre* l *pretendre.* p. 121. c. 2. *desteindre*, *esteindre*, l. *teindre*, *deteindre.* p. 125. c. 2. *d'efent* l. *d'enfant.* p. 14[illegible]. c. 1. *charnure* l. *charnure.* p. 156 c. 1. en *ette*, *permette* l. *ettre*, *permettre.* p. 161. c. 2 *vicillote* l. *vieillote.* p. 167. c. 1. *cheute silence* l. *chappe-cheute.* p. 172. c. 1. VI & ILVI l. LVI, &c. p. 189. c. 2. *grondif* l. *gerondif.* p. 196. c. 1. BI l. BRI. p. 217. c 2. *deuiendra* l. *d'aueindre.* p. 223. c. 1. *amission.* l. *omission.* p. 232. *vision ter. de* &c. l. *elision.* p 234. c. 1. *d'escuelle* &c. doit estre vis auis *d'orillon.* p. 237. 2. *picton.* l. *pieton.* p. 239. c. 2. *pesson* l *peson.* p. 241. c. 1. *ter* &c. l. *ter* &c. *ter* p. 241. c. 1. *lero* l. *cro.* p. 246. c. 2. *sa coifer* l. *se coifer.* p. 264. c. 1. fig. *quitter le trauail*, cecy doit estre vis auis de *deteler.* p. 265. c. 2. *frester* l. *fester.* p. 267. c. 1. *de venir* l. *deuenir.* p. 268 c. 2. *cingler*, l. *beugler.* p. 268. c. 2. *marguillier* l. *marguiller.* p. 269. c 1. lig. 13. *esmailler* l. *esrailler.* p. 270. c. 2. *crouiller* l. *grouiller.* p. 275. c. 2. *enguainer* l. *engainer.* p. 287. c. 2. *tirracer faire vne terrace* l. *terracer* simplement. p. 292 c. 2. *rebiter* l. *debiter.* p. 308. 1. c. 1. *planter* l. *plante.* p. 317. c. 1. *d'eschoir* l. *eschoir.* p. 329. c. *compris* l. *compromis.* p. 329, col. 2. *mer* l. *mir.* p. 333. c. 1. *confiction* l. *confection.* p. 338. c. 2. *pres* l. *pers* p. 339. c. 1. en *ers* l. en *ert.* p. 339. c. 2. *meurs* l. *murs.* p. 340. c. 2. IVS l. VS. p. 348. c. 2. *poison* l. *prison.* p. 358. c. 2. ALOES l. *aloes.* p. 282. c. 1. *le verbe* l. *les verbes.* p. 386. c. 2. *aport* l. *port.* p. 391. c. 2. *derriere* l. *dernier.*

*

EXPLICATION DES *Abreuiations*

Maſ.	Maſculin	Ad.	Aduerbe
Fem.	Feminin	Pl.	Pluriel
Verb.	Verbe	Monoſ.	Monoſyllabe
Pret.	Preterit	Diſſ.	Diſſyllabe
Part.	Participe	Fig.	Figurement
Adj.	Adjectif.	Ter.	Terme
Sub.	Subſtantif		

Dictionnaire

www.ingramcontent.com/pod-product-compliance
Ingram Content Group UK Ltd.
Pitfield, Milton Keynes, MK11 3LW, UK
UKHW020258230726
13925UKWH00001B/113

9 782013 456906